四種。自十五至十九世紀的越南歷史，幾乎盡入演義中。

四、筆記小說　最早的當推「南翁夢錄」，此外有「公餘捷記」、「南天珍異」、「聽聞異錄」、「山居雜錄」、「雲囊小史」、「大南顯應傳」、「滄桑偶錄」、「安南古跡列傳」、「南國偉人傳」、「南天忠義實錄」、「科榜標奇」、「人物志」等等。這一類是以人物事跡為主。

五、現代小說　這是本世紀以來，受西方文化和中國白話文學影響而創作的現代白話小說，數量不多，勉強算作一類，可以視為上四類的附錄。

由於歷史的原因，越南漢文獻在國外藏量最多的，首推法國。法國遠東學院、亞洲協會、國家圖書館、東方語言學院圖書館、基美博物館圖書館和天主教外國差會等處，都藏有越南漢文喃文書。其中以遠東學院所藏最為重要。遠東學院於一九〇一年創立於越南河內，數十年間搜集了大量中國、越南以及東南亞各國資料。一九五四年越南獨立，遠東學院搬回巴黎，中越圖書全留河內，移交越南政府。其中部分重要書籍製成微卷，分存巴黎、西貢兩地。五十年代以後，該院駐西貢辦事處又從越南南方購得書籍一批，與原有的微卷構成越南漢喃書籍的重要收藏，這是此套叢書主要資料來源。曾經是遠東學院研究員的著名學者馬伯樂（Henry Maspéro）和戴密微(Paul Deméville）教授，都曾在越南住過，並收藏不少的越南漢文書，他們的藏書在逝世後都捐給亞洲協會圖書館。兩氏的越南藏書中頗有漢文小說資料，是我們這套叢書資料的另一重要來源。其它法國圖書館雖也收藏不少的越南書籍，但小說資料不多，就不一一述及了。

編纂越南漢文小說叢刊是由我發起的。多年來我留心搜集這方面資料，並作初步的標點和校勘。但資料數量很多，全面校勘需要大批人力，身處海外，缺乏條件。且因我有其它研究工作，不能將全部時間投入漢文小說整理和研究中，這些資料一直沒有整理出版。當然，要找到願意刊印這批冷門的研究材料的書局也不容易。一九八二年，我到臺北，和朋友們談及漢文學研究的構想，提到出版越南、朝鮮、日本三國漢文小說叢書的計畫，臺灣學生書局惠允出版這套叢書，中國文化大學中文系教授王三慶兄又應允負責主持校勘工作，並於該校中文研究所成立校勘小組，成員有鄭阿財、朱鳳玉、郭長城、廖宏昌、許鳴鏘、陳益源、康世昌、謝明勳等，分別對各書進行校勘和標點工作。三慶兄並邀得龍思明女士，負責將資料中雜入少數字喃翻成漢文，至此萬事俱備。經過多年辛苦的校勘整理，終於告一段落，始能推出排版。

這次出版的是越南漢文小說第一輯，約爲現存越南漢文小說百分之六十左右。其它小說有的版本尚未集全，且校勘仍需時日，只好留待下輯出版。本輯共分七册，第一、二册爲傳奇小說，包括：「傳奇漫錄」、「傳奇新譜」（附「段氏實錄」）、「聖宗遺草」、「越南奇逢事錄」四種；第三、四册是歷史演義，包括：「皇越春秋」、「越南開國志傳」；第五册是「皇黎一統志」；第六、七册則爲筆記小說，包括：「南翁夢錄」、「南天忠義實錄」、「人物志」、「科榜標奇」、「南國偉人傳」、「大南行義列女傳」、「南國佳事」、「滄桑偶錄」、「見聞錄」、「大南顯應傳」等共十種。至於這套叢書的校勘事項，參見「校錄凡例」，各書的個別問題，則參考各書前的「出版說明」。「出版說明」除指出所用版本及校勘諸問題外，又介紹該書的作者資料。各書校勘者芳名標於該書扉頁。三慶兄和我將校稿各看了一遍，作成最後定稿。

這套叢書得以順利印出，首先要感謝法國遠東學院院長 Gross 教授和圖書館館長Rageau夫人，他們贊同我所提出的漢文化整體研究的構想，接納我在遠東學院建立漢喃研究小組的建議，使得越南漢文小說研究計畫成爲學院研究計畫的一部分，因而得以充分利用該院的資料和設備。遠東學院並與學生書局合作出版這套叢書。我的越南同事、漢喃研究組成員謝仲俠先生，以他賅博的越南漢籍知識，提供我搜集資料及撰寫「出版說明」的線索，又提供他珍藏的日本東洋文庫「舊編傳奇漫錄」的膠捲，衷心銘謝。我的研究助理譚惠珍小姐自始至終參與資料的搜集和標校工作，備極辛勞，深爲感謝。

我還應該感謝法國漢學院院長、巴黎第七大學教授吳德明（Yves Hervouet）先生、法國亞洲協會圖書館負責人、高等社會科學學院蘇梅野（Michel Soymié）教授和法國科研中心中國文學歷史研究組負責人、高等社會科學學院侯思孟（Donald Holzman）教授的支持和協助。

本書出版是王三慶教授所領導的中國文化大學中文研究所「越南漢文小說校勘小組」成員的勞績。

最後感謝臺灣學生書局諸位執事先生對文化的熱誠，同意出版這麼一部冷門書。臺灣大學外文系教授王秋桂兄大力協助本書出版，亦於此誌謝。

陳慶浩　一九八五年十月於臺北

聖宗遺草

卷上目錄

出版說明……………………九五
書影……………………九七
序……………………一〇一
一、枚州妖女傳……………………一〇三
二、蟾蜍苗裔記……………………一〇六
三、兩佛門說記……………………一〇八

四、富丐傳……………………………一一〇
五、二神女傳…………………………一一二
六、山君譜……………………………一一六
七、蚊書錄……………………………一一八
八、花國奇緣　附錄：金　鼇………一二〇
九、禹門叢笑…………………………一二八
一〇、漁家誌異………………………一三〇
一一、聾瞽判辭………………………一三五
一二、玉女歸眞主……………………一三七
一三、孝弟二神記……………………一四〇

卷下目錄

一四、羊夫傳……一四三
一五、塵人居水府……一四六
一六、浪泊逢仙……一五六
一七、夢　記……一六三
一八、鼠精傳……一七〇
一九、一書取神女……一七五

越南奇逢事錄　目錄

出版説明……一八三
書　影……一八五
越南奇逢事錄……一八九
【附錄】玉身幻化……二一三

傳奇新譜

郭長城校點

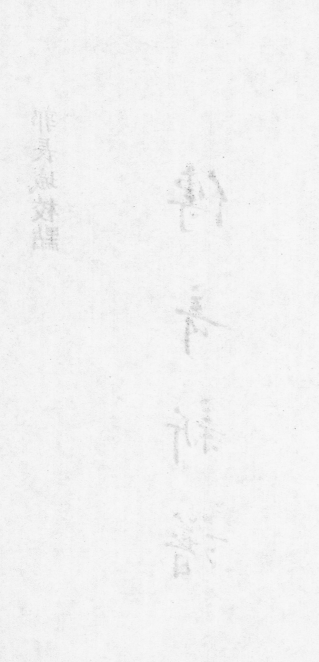

傳奇新譜 出版說明

段氏點小字紅霞，故稱紅霞女子、紅霞女史、紅霞夫人；夫家阮姓，又稱阮氏點。生於黎永盛元年（一七〇五）卒於景興九年（一七四八），嘉範鄉（今海興省文江縣憲範鄉）人。父允儀，號陽荆，中鄉試，爲祇受典簿，後講學荆門南策間。五十二歲終於教所，門生私謚曰「溫恕」，號荆門先生。允儀先娶阮氏，生女氏瓊、子允仕；後娶武氏，生子允倫，女氏點。允倫少聰慧，爲黎京北解元，早逝。氏點少以才學聞，年十六，尚書黎英俊以其爲門生女，欲召爲養女，以進御嬪，爲所婉拒。所樂者日與父兄論學唱和。年廿五歲，父死，未數年兄卒，遺下老母及一門孤寡，皆賴氏點養育。氏點乃行醫及代人撰述爲業。時達官貴人多方爭聘，氏點皆婉却，自此「名重朝郡，人咸欽慕」。後唐豪藥莊有女入宮得寵，迎氏點教授，氏點因避權勢，遂入宮。後遷至章陽講學，從游者甚衆，章陽進士陶惟允卽其徒。富舍進士左侍郎阮翹妻爲氏點閨友，阮妻死，翹多次求婚，終獲允爲繼室。婚後月餘，阮翹奉命北使，三年乃返。戊辰年（一七四八）夏月，翹奉公差赴鎭南藩管領事務，強段氏同往，途中得病，八月初回就鎭，至九月十一日病卒，享年四十四歲。其事跡見所附段氏實錄、紅霞夫人家譜，不贅。

段氏點爲越南古代最偉大的女學士、女文豪，她的生活帶有很多傳奇性，自然成爲民間傳說中的人物。她在越南的地位，可與李清照在中國相比，不少筆記都有關她的記載。最出名的是氏點對鏡，允倫入，因戲出聯云：「照鏡畫眉，一點翻成兩點。」氏點卽對云：「臨江玩月，雙輪轉作重輪。❶」這倒使人想起中國的東坡和蘇小妹的傳說。即家譜所謂「競雄辭於蘇女」者。

氏點還有一段膾炙人口的故事，據說龍德（一七三二～一七三五）年間中國遣使册封越南，黎純宗爲了誇耀越南人才之盛，命氏點扮民婦立端門以候，「正使官見而戲云：『安南一寸土，不知幾人耕？』氏點應之曰：『北朝士大夫，多由此途出。』❷」如此妙對甚多，更不一一枚舉。

潘輝注歷朝憲章類誌文籍誌傳記類（卷四十五）錄：

續傳奇一卷

女學士阮氏點撰，記述靈異會過諸事，曰碧溝奇遇、海口靈祠、雲葛神女、橫山僊局、安邑烈女、義犬屈猫凡六傳，文辭華贍，但氣格差弱，稍遜前書。

此處所謂「前書」，當指傳奇漫錄。按續傳奇今無傳本。據段氏家譜提及氏點所作小說云：

如感仙人之陟降，則雲葛神女，大段精神；談宮女之貞良，則海口靈祠，一章艷麗；安邑烈女，語意忠誠；梅幻、燕鶵，言詞慷慨。

此段又有註云：

雲葛、海口、安邑三傳，將刻板不及而兵燹，然皆已見安於世。惟燕鶵對話、梅幻二傳，多誤失其原，故入多不見。

按今本傳奇新譜，嘉隆拾年辛未（一八一一）春月日鐫，樂善堂藏版，署明紅霞段夫人著。此書計六篇，海口、雲葛、安邑三篇。目錄頁上皆大字，海口、安邑兩篇前皆標明紅霞女子著，家兄雪庵淡如甫批評，雲葛雖無署作者名，位夾在兩篇之間，且又有文江段之總評，證之家譜及文籍誌，其爲氏點所作，似無可疑。松柏說話及龍虎鬪奇兩篇，在目錄中小字標出，正文標題又皆說明「附」，顯爲傳奇新譜之附錄，非原作。碧溝一篇甚奇異，目錄頁中小字標出，而正文則不標明「附錄」，此篇獨有雙行批註及字喃詩，亦與海口等三篇不同，按文籍志謂此篇收入續傳奇中，而家譜則不提及，桑滄漫錄卷下之卅一鄧君陳現則指出彼有「碧溝奇遇小說行於世」。如此碧溝恐非氏點所作。南史雜編亦謂氏點只作海口等三種❸。

樂善堂刊傳奇新譜爲現存所知唯一版本。此本雖爲刊刻，而俗體字甚多，又有若干漫漶處。因無他本可參，只能就本文作校。喃字依例譯爲漢文，並於校注中保存原貌。個別不能通讀者亦加說明。樂善堂本原存河內遠東學院（編號爲A48），現存河內漢喃研究所。法國遠東學院有微捲，本書卽據微捲校錄。此本缺書末半頁，漢喃學院另有此本抄本（編號VHV1487）不缺，今據補。

本書增錄段氏實錄紅霞夫人家譜爲一抄本，原爲馬伯樂所有，現藏法國亞洲協會圖書館，編號爲H. M. 2112。此本封面題段氏實錄，首葉首行署段氏實錄，次行作紅霞夫人家譜，此書前半爲段氏家譜，後半爲氏點簡單年譜，記至氏點死爲止。書中謂氏點兄允倫娶黎氏，生一女令姜，一男允伊，下有注曰：「卽余岳父。」是知此譜註文出自氏點姪婿之手。注者亦可能爲撰譜者。又此本自別本過錄，觀其註有「原本作某」等處可知。抄本半葉八行，行十八字上下。素白紙抄，中縫作段氏實錄，下有頁次。文字清楚，筆觸幼稚，錯漏字在所難免。因無別本可校，只能勘量改正錯別字，略爲通讀，俟異日得別本作校。

【校勘記】

❶ 參桑滄偶錄上册之四十阮公翹亞夫人條及大南顯應列傳、阮氏點記。紅霞夫人家譜，初記入。

❷ 見大南顯應列傳、阮氏點記，本國記事亦皆有相類記載。

❸ 南史雜編卷五。

嘉隆拾年辛

紅霞殿夫人著

傳奇新譜

[illegible]樂善堂藏板

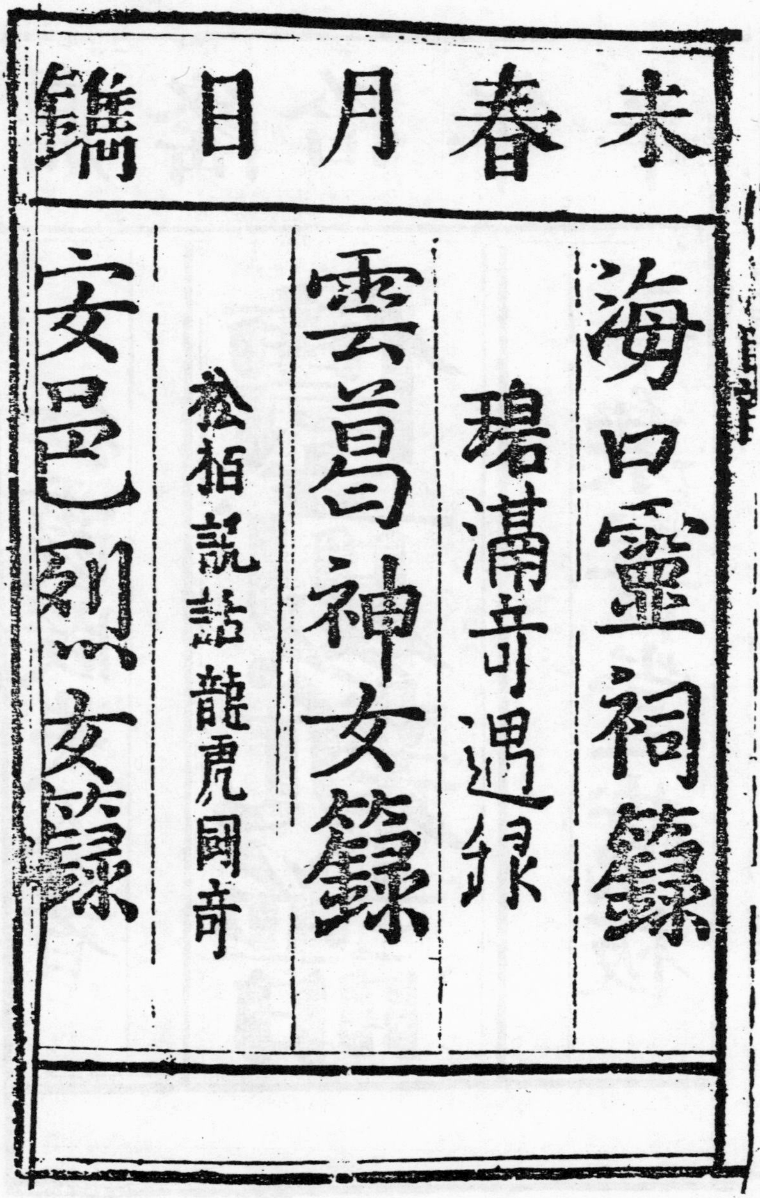

未春月日鐫

海口靈祠錄

碧溝奇遇錄

雲葛神女錄

松柏說話　龍虎鬬奇

安邑烈女錄

海口靈詞錄　樂善堂藏書　文江陶

紅霞女子著　家兗雪庵　淡如甫批評

陳朝後宮阮姬者、官家女也、小字瓊珠、生得性格軒昂、姿容嬌豔、通梨園音律、躭藝圃文詞、膚宗聞名、隸入宮籍、一日值中秋佳節、會宴諸嬪、帝凭倚朱欄、引目四望、見樓臺簇簇、盡張舞影紛、燈光彩玲瓏、與月色相奪、集酒拘詩興、偶得一聯云、

秋天登濛、掛銀燈、月中冊桂、

吟哦半晌、顧嬪曰、汝能一和乎、嬪輕移蓮步、微啟桃唇、徐應聲曰

春色藉甚、臺屏寶鏡、水底芙蓉、

嗟嘆羨稱特賜玉竜金珥一對因以姜吝若焉自此
恩徑上陽竜隆金屋姬見国政承胥德之繁日益莽
駁爲草鷄鳴十策以獻其畧者
竊惟曲突徙薪飭治寇從未乱徹桑綢戶居安慮
審思危盖人情易溺於宴安而世道嘗於平治
是以進無怠無荒之戒阜陶先飭曰都當不無不
忍之時賈傳預若慮是乃嘗君而陳藏實兆還
幾以嗟竟臣賤妾瑙珠以出遊門長陪椒室嘗賜
屢蒙於寵幸眷憐疊荷於寵知補卢后之衣裳敢
拷髮胥男子脫姜妃之簪珥願先冠世常廷臣譴具

書影

段氏實錄、

紅霞夫人家譜、夫人姓段諱點、故黎京
北解元段允倫之妹、祇
受典簿、馮削先生允儀之女、進士侍郎阮翹
之繼室、女婦號氏琼夫人出嫁、無出、至今
子孫猶有興感、父允儀
公碑文表墓具詳、

蓋聞水有其源、人本乎祖、我段氏千百年以前
世遠跡陳、初無考証、但據家譜、内所遺留、僅有
徽號遺聞者、姑且記之、以爲世系之所自出

曰九代祖、福林生福心、福心生慎義、慎義生福盛、壽元佳考事跡失傳、惟自福盛生公父総、仕至特進金紫榮祿大夫、太常寺少卿、詹豪男諡明達、娶慈貴夫人生公位、又生一女氏某、始公微時嘗從一官顯、三載追隨人、皆使捷公獨坦、如〻雖伊官不指其名、不委以事、而侍候克勤、未嘗少懈、一日伊家、遭回祿其家、屬爭走金帛者有矣、驚力赴火者有矣、公獨負困伊官老母、别尋清涼

興安省安美縣安富總楷範社中富村古字紙

一、海口靈祠錄

樂善堂藏稿　文江段

紅霞女子著　家兄雪庵　淡如甫批評

陳朝後宮阮姬者，官家女也，小字碧珠。生得性格軒昂，姿容嬌艷，通梨園音律，躐藝圃文詞。睿宗聞名，隸入宮籍。一日，值中秋佳節，會宴諸嬪。帝開倚朱欄，引目四望，見樓臺簇簇，盡張舞影紗燈，光彩玲瓏，與月色相奪。酒抅詩興，偶得一聯云：

秋天畫閣掛銀燈，月中丹桂；

吟哦半響，顧姬曰：「汝能一和乎？」姬輕移蓮步，微啓桃唇，徐應聲曰：

春色粧臺開寶鏡，水底芙蓉。

帝嘆獎移時，賜玉龍金珥一對，因以芙蓉名焉。自此恩冠上陽，寵隆金屋。姬見國政承昏德之弊，日益舛駁，乃草「鷄鳴十策」以獻。其略者：

竊惟曲突徙薪，制治須從未亂；徹桑綢戶，居安要審思危。蓋人情易溺於宴安，而世道難常於平治。是以進無怠無荒之戒，皐陶先自曰都；當不血不刄之時，賈傅預為太息。是乃愛君而防漸，實非違衆以鳴奇。臣賤妾碧珠，少出蓬門，長陪椒室，賞賜屢蒙於燕幸，眷憐疊荷於龍知。補盧后之衣裳，敢擬鬚眉男子；脱姜妃之簪珥，願先冠帶廷臣。謹具十條，謬陳一得。一、曰扶國本，苛暴去，則人心自安。二、曰守舊規，煩擾革，則朝綱不紊。三、抑權臣，以防蠹政。四、汰冗濫，以省漁民。五、願振儒風，使爝火與日光而盡照。六、願求直諫，令城門與言路而並開。七、揀兵當右勇力而左身才。八、選將宜後世家而先韜略。九、器械貴其堅銳，不必文華。十、陣法教以止齊，何須舞調。夫惟數事甚切時宜，冒投芹曝之孤忠，伏冀蒭蕘之廣納。善必行而弊必去，帝其念哉！國以治而民以安，妾之願也。

疏上，帝欣然擧筑曰：「何物女子，乃爾通活，不意朕宮中更一徐妃也！」然終皆苟且，未即底行。

會龍慶四年，滇將杜子平宣言有南陲之急，帝慨慕秦皇漢武之功，召庭臣謂曰：「蠢爾村邑，大國為詧，昏迷不恭，是用猖獗。以我堂堂全越，地廣兵強，豈不能犂闍槃之氊庭，掃蓬峩之蟻穴，以雪紹慶之耻乎！」群臣知帝將鳴釼於扶南，皆以薄伐為請，惟御史中贊黎錫廷爭之曰：「當今始平內難，勢如積瘡未痊，主不可以私怒而興師，將不可以要功而妄戰。量彼彈丸一小寇，何必勞聖駕遠征乎！」帝聞言默然不悅，退朝猶有伐國之色。姬心知拒諫輕敵，是兵家之所忌，遂作表文使傅母進上曰：

竊聞玁狁之憑陵孔熾，從古已然；匈奴之桀驁不臣，近來愈甚。蓋為寇固蠻夷之常態，而用兵非王者之本心。蕞爾占城，僻居海島。戎馬昔年嘶珥水，本知我國有疵；戰鼙當日動邊塵，祇謂民心初定。故敢逞蠅群之舞草，自不知螳臂之當車。然聖人當垢納污藏，無可與犬羊而較勢。且治道貴本先末後，願且休貔虎以息民。理灼明柔可制剛，言繹采德惟屆遠。舞干羽于盧陛七旬，何患不來苗；藏琴瑟於夏宮朞月，自應能服扈。允也策稱為上，伏惟宸斷自衷。

表上，帝不報，下詔大閱，臘月發兵。姬見言不聽，揆我量敵，憂國思君，形於顏色。嘆曰：

「義則君臣，恩則夫婦，既不能忠諫以致太平之治，又不能柔辭以止無名之師，誠虛生於天地間矣！」自此粉黛無心，寢食皆廢。堅請扈從，帝許之。

至日，發兵二十萬，旌旗蔽日，舸艦滿江，三軍順流而進，直抵奇華地界。父老聞王師至，皆玄黃簞食，擁岸奏曰：「前面廟神，極顯靈驗，凡客往來，有謁自然水順風輕，否則隻櫓寸帆，俱沉碎於水雲鄉矣。」帝慰而遣之，遂宿三軍於白濱洲畔。時正殘冬天氣，雨雪初晴，月色微茫，風聲蕭颯。遊魚吸寒梅之影，歸鳥棲古樹之陰。姬捲起繡簾，憑舟獨坐，酌蘭陵美酒，焚博山好香，將江天景致，目下收盡。夜將半，仰觀天象，見一道黑氣，從東方來，侵入北極四星甚急。姬驚指之曰：「此星乃我曹妃嬪之分也，甚處妖氛，敢來干犯，爾謂我無包老之鈇乎？」因掩篷就寢，展轉不安。我聞前後戰船鼉鼓已敲四矣，偶起後天一課，得「復」之「頤」，私自判曰：「卦中用黨多而體黨少，外氣旺而內氣衰，爻辭云：『迷復，凶。有眚災。用行師，終有大敗。』意者此行其有繻葛之恥乎？」翌日欲面奏筮占，別圖勝算。第以軍務叢冗，行色匆忙，竟未得其隙。日照蓬窻，軍達海口，忽然旋風一陣，捲入御舟，躐躐旌旗，都向乾方飄去。姬曰：「異哉風也，其聲則逢勃而不定，其色則寒慘而無光，毋乃奸邪風乎？」帝曰：「何謂也？」姬曰：「妾自幼讀書，頗知風角。夫水窮於辰位，木極於未鄉；水性智，智極而為奸；木性仁，仁窮而旁行。今時在未，而風從辰來，只恐有刑害淫賊之事矣。願急整六軍以待之。」言未竟，果然颶風大作，鰌浪亂翻。帝命急住戰船，以避一時風勢。三更末，見一人鬚牙獠亂，面貌猙獰，頭戴絳幘流星，身穿細鱗大錦，曲行而濶步，俛首而傾身，擺擺搖搖，徑向帝前參禮。帝詰之曰：「子何人也？深夜至此，必有高談。」其人曰：「某乃南溟都督也，江湖遠宦，蘋藻乏人，聞王女謁甚盛，偶爾相逢，故驟扇狂波，聊代華堂麗句耳。誠肯以紫雲見惠，敢忘結草相酬？苟私耳目之娛，予亦不能相捨矣。」

帝頷之，猛然驚醒，急召妃嬪，語以夢中之事。諸姬默然失色，但相覷而已。中有姬汪汪含淚，咽咽吞聲，病態如帶雨之梨花，愁容似籠烟之芍藥，跪請上前曰：「靈應之祠，曾稽衆論；風波之險，足應前徵。苟非夙世寃愆，定是今生業障，妾誠不敢汨繁花之慾海，惜蒲柳之殘容，以了此目前債也。」帝蹙然曰：「吉凶有命，禍福在天，靈若黔贏，豈能自管！夫以滅明一壯士，獨能斬奪璧之鮫；敬之一文人，尚能殺淫人之蜃。況朕乃萬乘之主，詎可失其主張，信此蠱惑，以累及夫人乎？」姬再懇曰：「妾雖一介女流，曾通經訓，豈不知魑魅魍魎之不爲患乎？爭奈事既到頭，勢非得已，倘若遲延不決，少待片時，只恐變起非常，更慘於楚澤之膠舟矣。且軍旅之際，以將士爲重，以恩愛爲輕，古之殺妾擲兒，亦窮中之一計耳。」帝聞言倍加悽慘，終不忍釋。

時風聲捲地，浪勢滔天，龍舟幾覆者再。姬拜泣曰：「陪枕侍衾，三生有幸；舍生取義，一死何辭！既非垓帳含寃，亦豈鬼亭幽恨。但以『出師未捷身先死，長使英雄淚滿襟。』徒有遺憾耳！妾死之後，願陛下修文而偃武，節用而愛人。法帝王仁義之行，建國家長久之計，則冥冥之中，亦可以慰賤妾之幽魂矣。」言罷，望水一跳。風狂浪捲，尚聞一聲：「多謝君王，從今永訣，不能復侍左右矣。」帝及嬪妃愴惶失措，舉皆號慟。俄而雲收風靜，海不揚波，急命水軍撈尋，已不見玉人踪跡，只得作一道招魂文以奠之曰：

吁嗟魂兮，玉質瓊姿。能格君心兮，楚國樊姬；善執婦道兮，盧汭湘妃。思君不忘兮，身別香闈；為君而喪兮，魂沉水濟。滄海茫茫兮，他生何時？玉容杳杳兮，再合難期。想其慎淑兮，心轉依依；覩其文翰兮，淚洒霏霏。其所致兮，實天之為；其所然兮，是朕之非。嗚呼痛哉兮！魂今何之？如在天兮，天有比翼飛；如在地兮，地有連理枝。魂獨孤子兮，魂何所歸？魂如有歸兮，與朕追隨；魂如有靈兮，保朕邊陲。哀哉魂兮，歆此玄危。

僨畢，文武三軍，皆欷歔泣下。提軍而往，深入倚忙洞口，墜婆摩詭計，王師遂陷焉。

其後黃塵汚衣，狐狸當道，陰剝陽復，否極泰來，天眷我朝，已判一天新世界矣。傳至聖宗出治，洪德年間，村邑復起邊亭之釁。帝聞之，謂左右曰：「葛伯仇餉，亳邑徂征；密人不恭，岐周整旅。今占城昏主，侮慢自賢，肆淫亂而麀聚其天倫，逞苛暴而魴頳其民庶。苟不大興吊伐，將何以救此一方乎？」遂刻日發兵。

帝親率舟師，陸續而進。時春光明媚，天氣暄和；錦帆迎楊柳之風，龍舟駕桃花之浪；夾岸黃鶯調畫角，橫江鷗鷺聽征笳。帝縱目遠眺，慨然有呑吐宇宙，包括乾坤之志矣，遂朗吟一律云：

虎旅親提出珥河，滿天春色護征舸。朱旗拂盡長空翳，粉棹揮澄萬頃波。村邑雉罹多我徯，閣槃歎息敢誰何？鸞弓高掛扶桑外，直把遐陬作一家。

不浹月間，早已到奇華彼處矣。驟然晦冥風雨，振動波濤，帝下令諸軍依次而住。遙望隔岸，木陰蔽地，妖氣連天，移船近之，乃一古廟也。只見檀香馥馥，芳草茸茸；狐兎出沒於蔓叢，鳥雀鬧喧於蘆葦。江邊古樹，掛行客之紙錢；祠畔西廂，架鄉人之畫艇。帝詢問鄉人❶，備知細末，乃指廟宣聲曰：「聞爾所行，久多醜行，今朕經過，猶自猖狂。雖幽顯不通，然刑法在吾掌握，豈不見木妖鼓怪之事乎？當斂改舊過，克蓋前愆，如或不悛，則一片遺灰，踏爲平地矣。」言畢，潮聲越急，兎見(走)烏歸。時聞漁子狂歌於小港柳陰間。帝盤桓不寐，靜坐觀書。將近鷄鳴，假恬龍案，見一少年女子，從水中出來，拜且泣曰：「妾是陳朝宦女，睿廟宮人，不逢妬婦之濱，非遇漸臺之水。只因命途多舛，時運不濟，以致隻影惸惸，飄落於妖蛟之手耳。一自委身水國，泯跡腥氈，愧爲僕婦之心，反累楚囚之苦。含愁似海，度日如年，恨不能化精衞之魂，徒有離騷之賦耳。何幸適逢聖上，冒耻登聞，但願垂入井之仁心，展翻江之妙手。倘得重占天日，永脫沉淪，此陛下再造之洪福也。」。

帝惘然笑曰：

夫人寃同柳氏，義勝曹娥，千載聞之，亦莫不傷心而切齒矣。第以陰陽勢隔，水陸路懸，雖有釵樹刀山，未審計將安出？

對曰：

易事爾！陛下信義充溢，可及豚魚；彼之罪惡貫盈，海波難洗。此南溟之外，有廣利王，乃彼之統攝，陛下誠能投以咫尺之書，責以防閑之咎，彼自不容不加刑矣。

因出明珠徑寸，曰：

此珠喚名徹海，照見幽明，今日獻之，聊代太真牛渚犀也。

言訖不見。帝伸手拾之而覺，則寺鯨已催曉矣。遽命侍臣阮仲懿修書一封，射于海外，懸明珠以照之。果見朱樓寶殿，金城湯池，龍子龍孫，金鞍轎馬，往來城下者，繹絡不絕。適有鯨校尉巡校而回，拾得御書，封緘甚密，忙走入奏聞。時廣利王在靈德殿前視事，乃命閣臣龍尚書拆讀。其辭曰：

嘗聞：福其善而禍其淫，天道若鼓桴之捷；賞者善而罰者惡，王政如金石之堅。上下同符，古今一理。肆予小子，承祖宗基緒之正傳；伐彼占城，乃天地神人之共忿。百萬之舟師大發，三千之水路開行。黃鉞揮而魚介驚沉，物亦知束約；白旄指而風雲變色，誰不畏簡書！胡乃王鷙害之臣，敢阻朕鷹揚之衆。興妖作幻，曾脅寃陳帝之宮人；索賂求財，又擾害兆民之性命。諒彼之强梁甚矣，何王之尸位仍然？倘明以燭奸，豈敢混珍之魚目？如勇於斷事，盍嚴懲惡之彖刑。謹下蠟書，翹竢回復。

廣利王聽完，龍顏變色曰：「此處地方，何人掌管？」鰲御史班中躍出奏曰：「此乃海口蛟都督也，以枝葉之親，受方面之寄。專事遊俠，自任剛强，頗有帷薄不修，簠簋不飾之行。」廣利王大怒曰：「寡人否德，委任匪人；汝等具臣，肆爲阿黨。卒使侮弄條貫，貽笑塵寰。始信同惡四凶，連株五狗，誠可畏也。宜速寘諸鼎鑊，以殉貪饕。」傍有鯤丞相欠身奏曰：「此員穢德，水陸彰聞，苟私以刑法治之，未快傍人耳目。莫若修書回答，遣將捕擒，與衆棄之，以明我之憲網不疎也。」

廣利王然之，乃命鰐總兵、鼈從事，帶甲冑數千，前一剿捕。復遣鱣翰林修詞、龍閣臣潤色、龍督郵充爲江使，賫上沙頭。帝命學士粱世榮拾之，乃是蛟絹尺素。帝展開一看，只見上面寫着：

蓋聞陽春有脚，未必先寒谷之中；震耀無私，豈能照覆盆之下。蓋天地猶多所憾，而造化亦有不齊。某猥以駑才，□于龍德；怵惕謹淵臨氷履，啓沃求作雨之真賢；□□□□□居，甫翼賴非彪之良佐。□機擬□□□□，澤仁□普於群生。自知無黨無偏，王道之□□蕩蕩；□□似忠似佞，權奸之壅蔽滔滔。致令遐壤之分符，尚縱强臣之跋扈。已矣！四聰不達，信輿薪細甚於秋毫；嗟乎！重門未開，覺堂上遠同於千里。□□□□奇鯉聖讒彌切命龍。雖兩間之幽顯各□，□可形於醜類；然三天之公平具在，尚容□□法刑。□草濤箋，仰祈青照。

帝看罷，遍示群臣，皆注目□□。□見鰐總兵前去，衆鱗甲後隨，如雷如霆，陷入蛟神深宇。鼈從事厲聲宣旨曰：

蛟某以瑣尾之庸才，當雄藩之重任，不思介直，惟逞龜淫。便非水而自趨，色不波而易溺。本加以肉魚之重律，用正百刑；姑念其汗馬之微勞，且寬入議。竄諸陸地，任自逃生。欽此！

蛟神聽罷，目光如電，鬚立如戟曰：「忍壞汝萬里長城！」遂入後堂，半嚮方出。衆皆以軍法催之，蛟神遂奮身一躍，泝水而上。正是蛟龍失勢，與蚯蚓同。三軍齊力驅之，須臾低尾而逝矣。霎時間，波濤帖碧，巑岏撐青，前日明珠，不知從何處去。但見玻璨晻暎，浮出香骸，艷麗宛然，不改生時玉色。帝命以皇后之禮遷葬之，權制草祠，親行蘋奠。御製一律，題于壁左曰：

本是熙陵宮裏人，臨危為國獨忘身。妖風一陣桃花浪，春夢三更杜若濱。寒水無端埋楚婦，香魂何處吊湘君？吁嗟百萬熊羆旅，不及書生一檄文。

題畢，整軍前往。所到之處，恰如秋風之摧枯，泰山之壓頂，獲其酋長，全師而返。日正黃昏，復經故處，因駐宿于祠下。是夕，月明星稀，水天一色，帝想起當時之事，喟然嘆曰：「國家將興，必有禎祥；國家將亡，必有妖孽。禎祥妖孽，實關於君德之賢否矣。」徘徊者久之。已而銀燭斜明，銅龍半咽，復見夫人淡粧素服，前致禮曰：「深蒙聖德，超出羈魂，今則羽化翰生，已瀟洒於白雲矣。上帝憐念忠耿，勅降塵寰，得專司一方禍福。妾嘗歷披仙籍，陛下是霄殿仙童，他日相逢，容啣環面謝，以報此山高海濶之洪恩也。但壁間玉律，最後一聯，則於君臣夫婦之間，妾心有所未安也。」帝點頭曰：「夫人念不忘君，眞是女中文岳，當爲夫人改之。」挽筆欲寫而醒，乃華胥一夢。明日卽塗改曰：

綱常萬古應無愧；祠下睢鳩戲水文。

回京後，帝遂命大起嚴祠，給加邑隸勅封「制勝」二字。至今香火不絕，大有靈應云。

（廣採皇華集）

【校勘記】

❶「人」原作「道」，以文字不順，臆改作「人」。

二、雲葛神女傳

安泰雲葛、天本之若鄉也，其地平，其水秀，木樹而茂，風俗質而龐。內有黎太公，果於行善，旦夕焚香，以事上帝，雖事冗雜，未嘗少缺，至於周旋一心，尤所樂願。年登不惑，甫育一子。逮天祐間，太婆懷妊，逾期遽攖一疾，奄奄獨臥，惟愛香嗜花而已。家人疑其花妖月祟，延師設醮，殆無虛日；然病轉劇，茫然不應。

後中秋夜，月色如晝，門外一人襤巾緼袍，以拜章之術求進。莊客不納，其人拂衣笑曰：「我自有伏龍降虎之奇，出幽入明之妙，聞爾邁於種德，特從相助，何乃當面錯過也？」太公聞之，遽拜請延入，探其袖則法全無，但玉斧一柄而已。道人披髮登壇，密唸通天咒語，將斧向地一擲，太公應手而倒。果見數員力士，引公前去路上，一層高一層，天色朦朧，有同淡月。忽至一所，金城屹立，玉門大開，力士換衣與公歷九重門而入，竚立廡下。偸見紅雲一朶，捧著冕旒王者，兩班披霞衣者六姝，持笏執版者以百數。初奏鈞韶之音，繼舞霓裳之曲。琉璃盤內，供王母之蟠桃；瑪瑙壺中，獻老君之丹藥。閻羅貢寶樹，洞庭進驪珠，玩好珍奇，非人間之所有者。俄見一位紅衣娘子，捧玉杯上壽，失手缺其一角。左班中閃出一員，手披玉簿，約書數十字，良久雷霆振聲曰：「爾薄文明之地耶？」繼後使者兩員，侍女數輩，擁這紅衣從南門而出，前引一金字牌，上是「勑降」字，中有兩「南」字，下乃缺字，其餘望遙，字澀不能悉辨。太公問力士曰：「此何爲者也？」力士曰：「此乃第二仙主瓊娘，此行必被謫矣。」廡中一人出來，叱曰：

「何等職司，在此嘈雜？」力士曰：「我等是五雷神兵候旨。」因曳公返。公漸漸覺醒，則太婆神舒體快，已生一位女子矣。是夕，異香滿室，祥照窗喧，喜問道人，忽然不見，舉家靈其術，感其德，稱嘆不已。公想出神之見，必先（仙）人降世，因以降仙名焉。

及長，膚白凝脂，髮光可鑑，眉彎新月，目湛秋波，古云「比花花解語，比玉玉生香」，亦足以形容其美也。嘗靜居一室，學字觀書；尤善簫彈，精音律，竊湘妃之妙技，占弄玉之高才。凡閒居無事之時，每見春花明媚，鶯燕爭啼，夏景淒涼，榴荷鬭艷，秋夜姮娥開寶鏡，冬天玉女撒銀花，則對景生情，拈弄筆墨。嘗作四序詞各一闋，被于管彈以自娛。

其一　春詞

春似畫，暖氣微，愛日遲。桃花含笑柳舒眉，蝶亂飛。叢裡黃鶯睍睆，梁頭紫燕喃呢，浩蕩春閨不自持，掇新詞。

右春光調

其二　夏詞

乾坤增着鬱燠，草裡青蛙鬧。枝頭寒蟬噪，聲聲杜宇惱。啞啞黃鸝咾，頻相告。春主今歸兮，如何好。這般景色，添起一番撩撩。幸祝融君鼓一曲南薰操，親送荷香到，前番傷心隨風盡掃。

右調隔浦蓮

其三　秋詞

水面浮藍山削玉，金風剪剪敲寒竹。蘆花萬里白依依，樹色霜凝紅染綠。瑩撤蟾宮娥獨宿，瑤階獨步秋懷促。不如徑來籬下菊，花香閒坐，撫瓠彈一曲。

右調步步蟾

其四　冬詞

玄冥播令滿關山，鴻巳南還，雁巳南還。朔風凜冽雪漫漫，遍倚欄杆，倦倚欄杆。擁爐尚爾覺青顏，坐怎能安，臥怎能安。起觀姑射落塵間，花不知寒，人不知寒。

右調一剪梅

一日，太公偶過庭前，聞彈聲響亮，調曲清新，傾耳聽之，不以爲喜，反以爲憂，遂與志（摯）友陳公拜爲義父。陳公乃陳朝遠派，以毋鄉寓籍于此。太公因槁樓于陳之花園，移女居焉。不意隔壁有一官家，晚年無子，步月花街，得一嬰兒於碧桃樹下，因收養之，喚名桃郎，至是已日成矣。見女言行有法，姿質不凡，遂有附喬之願。二公亦喜其同鄉，欣然許諾。大禮既成，女歸于夫家，事公姑以孝，處良人以順，頗有關睢之風。

明年，遽得熊羆吉夢，後年復有門楣佳慶。光陰迅速，斗柄巳三東指矣。時三月初三日，女忽無病而殂，青年纔二十有一。二家不勝哀慘，從厚而葬。女自身歸帝鄉之後，以塵緣未滿，不能忘情，侍靈霄則愁攢春眉，會瑤池則淚彈玉臉，群仙見而憐之，訴于上帝。帝封爲柳杏公主，仍許下塵。

仙主奉命歸鄉，則已三祥矣。時老婆正苦思兒，徑來主舊房，見其晚風捲簾，斜陽入戶；牙彈蛛織，玉琯灰生。壁上詩歌，盡被鳥龍掩字；桌前器皿，惟餘老鼠欺人。老婆覩物思人，慟悒于地。仙主遽入抱母曰：「孩兒在此，母親不必傷悲。」老婆睜目曰：「吾兒何處得來，毋乃不死乎？」仙主搖首，但流淚而已。太公、陳公及其兄一來，驚喜交集。仙主拜泣曰：「孩兒失孝，累及雙親，非不願著萊衣而戲舞庭前，獻由米而承歡膝下；爭奈玄機莫測，天數難逃，願三大人，割夷甫之深情，收卜商之哀淚，庶少減孩兒之罪耳。」復顧其兄，囑以奉親之事，便欲辭去。陳公泣止之曰：「自從吾兒棄世，我等心喪魂消，今既來之則安之，何乃言別，若是其急乎？」仙主曰：「兒是第二仙官，有事被謫，今辭塵劫，復侍帝庭。但以念切劬勞，暫來候問，雖三魂俱在，然九魄已非，更不能常住人間矣。爺娘曾有陰功，已得入仙簿籍，異日必當完聚，保無虞也。」言訖不見。

且說桃生自斷弦之後，挈子隨父赴京，僻處孤齋，舉業皆廢，行住坐臥，無一而非懷愁惹恨也。一夕初秋時節，景色淒涼。雨滴空階，偏入愁人之耳；風敲蕉葉，易驚旅客之魂。生抱子而坐，偶吟感懷二絕云：

其一

塵劫嗟兮浪此生，前緣暗想不勝情。
當年司馬求凰曲，變作離鸞別鶴聲。

其二

孤愁客邸不成眠，況是淒風苦雨天。

天若有情應念我，莫教風雨過窗前。

吟完，子已熟睡，生叫乳母抱子安眠，復盤膝而坐，愈覺無聊。卒然冷氣倏來，寒燈半明半滅，俄聞柴扉外，叩聲甚急。生啓而視之，乃仙主也。生挽衣泣曰：「卑人多福，得配瑤姿，產子育兒，家庭有慶。豈意半生契闊，中道仳離，返鳳侶於雲中，折鸞群於雪夜，孤衾隻影，落莫何堪？惟願相從，以慰寸心塵渴也。」仙主以袖掩面曰：「良人差矣，鍾情之極，從古有之，但不可徒牽紅粉之私，自墜青雲之志。況上有嚴慈老耄，下有稚子無知，將使誰靠乎？」生曰：「某非短見不愛殘生，但以抱任子之慾，掛申生之恨，恐不自保耳。」仙主曰：「妾是天宮仙女，君亦帝所星曹，配匹良緣，莫非前定。然恩情中止，歡愛未酬，後數十年，當得續興娘之緣，滿麗貞之願，不必傷心也。」遂夫婦就寢，枕上惟勉生以修齊之學，道生以忠孝之方。五更左測(側)，仙主披衣而起，語生曰：「故鄉迢遞，舊室淒涼，妾之爺娘，懸望於君厚矣。君當時常訪問，代妾清溫，不可忘舊日半子之情也。」言罷，騰空而去。自此雲遊不定，或假體美姝，吹玉簫於月下；或化形老嫗，倚竹杖於道傍。凡人以言辭戲慢者，多被其殃；以財幣禳求者，復蒙其佑。所得金錢緞帛，皆載歸以爲家庭之奉。如此者數載，仙主生養父母相繼而沒，次年生亦尋卒，其兄撫育諸子，至於成人。

仙主心下無掛，始周遊天下，歷覽名勝，遂以山家爲仙家矣。嘗至諒山地方，見高山路畔，隱約一座浮屠，十分有致。但見千歲松梢(柏)，上衝碧漢；數叢蘭若，半倚青岑。庭前野鶴含花，案下巖猴供果。殘碑苔掩，不知功德之年；古佛塵生，罕見求緣之客。仙主參禪，玩景一回，遂於三松樹下橫几而坐，撫彈歌曰：

孤雲來往兮山岧嶢，幽鳥出入兮林夭喬；花開滿岸兮香飄飄，松鳴萬壑兮聲瀟(蕭)瀟。四顧無人兮負塵囂，撫彈長嘯兮獨逍遙。吁嗟兮，山林之樂兮何減靈宵（霄）。

歌竟，忽聞路外有人唱曰：

三木森庭，坐着好兮女子；

仙主舉目看時，見一人儒巾闊服，騎一匹駿馬，從者數十，前有旄節一柄，乃應聲曰：

重山出路，走來使者吏人。

其人下馬曰：「娘子何方人物，有此美才？」仙主遙指山中曰：「此處人也。」其人復唱曰：

山人憑一几；莫非仙女臨凡。

仙主復應曰：

文子帶長巾，必是學生侍帳。

其人聽罷，忙深深作揖，擡頭已無人矣。遍尋寺中，不見踪跡。只見木橫倒當道，細認之，有「卯口公主」四字。木傍立一硃標云：「冰馬已走。」從者請其故，公曰：「卯口公主加于木者，柳杏公主也。記冰馬已走者，是待我馮姓起動也。」衆人聞其言，各吐舌稱異。公遂召山莊父老，留行銀以爲重整祇園之費，題詩壹絕句于左廊而去。其詩曰：

叢林寂寞弗人家，忽聽有人山外歌。數曲遠雲人不見，滿前山色碧嵯峨。

此後，仙主浪行踪於駕霧乘雲，肆逸興於吟風弄月，凡四方名山大川、城省寺刹，無不留題紀勝。後復起繁花之想，返駕東京，常往來長安間，如槐街、報天、横亭、東津，無日不至，常人莫之測焉。時馮侍講還自北使，充入卿曹，吏事紛拏，簿書叢脞終日，甚覺不耐，因想起四牡所經之處，泛洞庭、登黃鶴、飲岳陽、題赤壁，前日何等瀟洒，如今何等煩冗，——岑樓子云：「簑笠西湖榮佩印，桑麻翳野勝封侯。」——不如且向忙中覓一閒遊也。因帶詩囊，携酒壺，拉二個少年朋友，一是吳舉人，一是李秀才，直望西湖散步。

此日正值初夏，天色晴明，三人轉過一帶上林，復歷許多孤亭水榭。時聞薰風陣陣，將荷香萬斛，橫鼻而來，舉目間已抵西湖岸矣。李喜謂馮曰：「老臺學富五車，才高七步，今逢此良辰好景，能不勃然詩興乎？」

馮即吟曰：

名利奔波一片塵，西湖寸步忽閒身；蓬萊方丈皆虛幻，始信仙凡總在人。

吳繼吟曰：

瑩然方寸俗塵無，包括乾坤一畫圖；霽月光風隨洒樂，月中何處不西湖。

李亦吟曰：

花迎客店柳迎船，盡日西湖盡醉眠；醒起詩談驚四燕，此身應是謫神仙。

馮公聽罷，欣然曰：「吳兄清奇，李兄放逸，二公氣象，大概不同，要之，各極其至，眞仙才也。」吳李曰：「老臺沈鬱，自是大家風範；晚輩效顰，徒取賣水江頭之笑，何敢當仙才過譽乎！雖然廣素云賒，桂枝甚近，姮娥未必不見愛也。」三人相顧大笑，復沿着湖堤而進，縱目遊觀，忽見槐陰深處，露出一座酒樓，屈曲花欄，盡是湘江斑竹，樓前朱扁（匾），寫着：「西湘風月」四個大字，門旁草書紅紙兩對聯云：

壺中閒日月；城下小乾坤。

門內紗簾晻映，有一少年紅衣美人，托窻而立。李生前向打恭曰：「此處樓臺，是何所在？某等足隨興使，誤入蓬瀛，欲借貴莊暫作蘭亭勝會，未審仙家肯容塵俗否？」美人曰：「此名『柳娘新店』也，諸公既是詩酒韻士，一座何妨。」因命捲起紗窻，三人整衣而入，對坐於南窻下，飲酒閒玩。果然樓中景物，幽雅不凡。簷前鸚鵡，聲聲戲金鬟之女使；瓶內蓮花，朵朵和寶鼎之香煙。幾行粉壁盡新詩，數幅錦屏皆古畫。李生引目，觀看不已，俄見東壁有一絕云：

店方門內照明月，時正人旁立土圭。客有三星鈎月帶，惠然一木兩人提。

顧馮曰：「公識此意乎？」馮佯爲沉吟不曉之狀。李遂將四句語折成十二字云：

店方閒；時正佳。客有心；惠然來。

析罷，乘着酒興，向屏內大聲曰：「主人既有惠來之願，今高朋滿坐，豈無一物見惠乎？」言未畢，已見侍女捧一幅花箋曰：「主人風味酸寒，無以爲贈，敬將菲題奉上，聊爲侑酒之需。儻諸公不吝一揮，亦遭逢中一佳話也。」李生忙接看之，乃西湖觀魚排律，連聲應曰：「敢不從命，敢不從命！」馮接語曰：「既承雅意，當卽連吟，但巴下里人，曲卑調鄙，願得陽春一唱以引之，何如？」侍女反步取出一起云：

西湖別占一壺天，

李卒然吟曰：

縱目乾坤盡豁然；古樹遠莊青冥冥，

馮曰：

金牛闊水綠涓涓。生涯何處數間屋，

吳曰：

活計誰家一隻船；隔竹疏籬聞犬吠，

李曰：

馮曰：烹茶敗壁透厨煙。輕輕桂棹手中蕩，
　　　短短簑衣身上穿；彷彿洞庭遊范蠡，
吳曰：依稀碧漢泛張騫。千尋浩蕩諳深淺，
李曰：四顧微茫迭後先；欸乃往來紅蓼畔，
馮曰：嘔啞出入白蘆邊。沙中狎戲忘機鷺，
吳曰：雲外閒看率性鳶；幾曲滄歌聞水國，
李曰：一雙白眼傲塵喧。交頭對話依荷蓋，
馮曰：伸手相招戲芡錢；笠放蓮間藏菜嫩，
吳曰：籃沉梢底養魚鮮。或將淡酒花叢酌，
李曰：時枕長篙柳影眠；醉後笭箵拋水面，

馮曰：浴餘袨褣曝風前；安華牧子親朋結，

吳曰：上苑樵夫舊約堅。抱膝徐吾觀蛟勢，

李曰：探頷笑彼沒龍淵；網疎每避世途險，

馮曰：鈎直羞將利餌懸。寒渚夏來猶愛日，

吳曰：長安冬盡未知年；三公旨把煙霞換，

李曰：半點寧容俗慮牽。渭水任符文伯卜，

馮曰：桃源好訪武陵緣；聞鐘乍覺心為佛，

得月應知我是仙。

馮吟尚未絕聲，樓中應聲曰：

三人齊聲曰：「好結！好結！」正稱賞間，忽見樓外一個漁人，赤脚焦頭，弊襦短褐，手提竹笠，內有三尾大魚，望斜陽行且歌曰：

我舟中壺酉兮，爾店中星留兮，誰知占卜道兮。

馮靜聽，莫解其意。李生曰：「莫非此人有挾君平之術否？」馮心下未定，不意樓中轉出青衣侍女，携酒一壺來，遞與漁人。漁人受之，不交一言，懸魚于樓外而去。侍女接入樓內，不半晌間，已排下季膺鮮鱠矣。三人正適嘉餚旨酒之興，早見紅衣美人，娉娉婷婷而出，向西壁間倚于坐下，徐啓朱唇曰：「文人辱臨菰室，几席生光，野味薄殽，權表嘉魚厚意爾。」吳生曰：「搪突華門，無任惶愧。」李生曰：「曩者漁人歌曲，甚爾蹺蹊，不知其中意義，可得聞乎？」美人曰：「這此狂歌，有何難解？言『壺酉』者，增彼壺中乾酒也。言『星罶』者，謂我罶中無魚也。至占卜之言，無非寓易意爾。」三人聞言嘆曰：「娘子無乃天上人乎？何其靈心慧性，高出尋常乃爾也。」美人曰：「諸公胸發錦繡，口噴珠璣，足可驚動鬼神矣，頃因構得一對，復請教大方。」三人聽之，乃是：

三魚鱻鱠，樓前會众歎三人。

馮公看完，正倚窻索興，遙見湖上湧出一輪明月，因應曰：

兩个竹筵，湖上延朋看兩月。

李生見馮先對，技癢才情，復向美人朗誦曰：

一月色澄明，與此只堪成一對。

仙主見他狂放，莞爾答曰：

三千塵負隔，望之想已幸三生。

說罷向三人打一萬福，轉身屏後去了。三人乘著月色，收拾而回。

數月重訪舊遊，至則湖水茫茫，樓臺不在。但聞晚蟬一部，噪於槐樹上而已。三人依槐陰席草而坐，忽見樹間有兩行篆字云：

雲作衣裳風作車，朝遊兜率暮煙霞；
世人欲識吾名姓，壹大山人玉貟花。

李生曰：「玩此詩意，氣格不凡，我等前日之遊，必與天仙相遇，眞可幸也。」馮公連連點頭，因將昔年奉使山中所見之事，說與二生。吳生喟然曰：「老臺前日詩句，以神仙爲虛幻之事，今番此遇，始信羅什僧孺之事，果非虛傳也。」各怏怏而去。

再說仙主既離西湖，復駕義安朔鄉焉。朔鄉之東有一帶桃林。碧山䕷(聳)其南，清溪帶其北，絕有仁智之趣。更遇仲春，樹樹桃花，發得精神可愛，仙主遂於樹陰，拂一塊白石閒坐。左顧右盼，見溪中落花依水，水綠花紅，蕩漾相映，不減桃源勝景，所欠者漁郎問津耳。因步至溪邊，撲花而戲，不覺烏落烏啼，已將晚矣。忽見山脚一少年書生，神凝體秀，玉潤冰清，袖藏墳典之書，胸滿經綸之學，直投西村而往。仙主暗喜，遙謂生曰：「妾因踏青看花，遠來迷路，君家何處？借宿一宵，願勿執魯男子之所偏，惟效和聖人之自信，則妾不勝頂戴也。」這少年疑是懷春遊女，佯爲不聞，趨而去之。原來此生乃仙主前日之配偶也，只因亡於愁鬱，復托生於此。年纔弱冠，志邁常人，有倚馬之才，有擲果之貌。不幸椿萱雙謝，棠棣孤開，家室未諧，貧寒撤骨。此日肄業席散而歸，恰與仙主相遇。但生嚴於女戒，不省生前，故確然見拒耳。他日復出，見當道桃樹一幅花箋，有詩一律曰：

艶質天然不假栽，芬心貞守幾年來，豈容塵俗等閒見，直待春君次第開。素女相知長我照，風姨傳信為誰媒？早知流水無情戀，莫遣飛紅逐客杯。

看畢，復起憐才之念，慨然嘆曰：「筆力停勻，詩辭香艶，不意世間有如此才女，雖易安復生，淑眞再世，亦未知其優劣也。」遂於詩左復賡一律曰：

昨見瑤池殿外栽，如何仙種落塵來？滿前凡草閒無語，獨傍幽蘭空自開。絃管風光應取笑，
朱門狂浪敢通媒；相逢林下增惆悵，欲醉羅浮一酒杯。

題罷，身如夢境，心似懸旌，欲往林裏相尋，又恐失於造次，只得坐在樹下，徬徨顧望。直至天色傍晚，方勉強言歸。時春雨淋漓，一連數日，生愈增悵恨，因綴成一詞，以寫幽懷云：

才何佳，情何好，一片才情撩客惱。客惱幾時消，相尋不怕遙。風忽起，雨忽至，深嗟
咫尺成千里。雨伯風姨太薄情，春愁寥寂戶常扃。幾回夢遶桃源裏，欲把千金買一晴。

右調風雨恨

次日和風飛柳絮，暖氣拂遊絲，果開得一天曙色。生行且想曰：「我之前詩，必爲風雨所敗，不知曾得美人一賞鑒否？」比至則桃花依舊，墨跡宛新，惟玉人不知何處耳。復將前詩讀過一遍，對詩怏悒，苦難爲情，再題一首云：

萬種相思愼曰栽，尋芳忍負此番來；數行錦字人如在，一陣春風花正開。垂顧重蒙君有
意，牽期錯恨我無媒；吁嗟奇遇成烏有，愁海茫茫輒渡杯。

題完，遙聞林中有聲曰：「君子復至此乎？」生見是仙主，喜出望外，向前施禮曰：「前蒙青眼，深感盛心，自念荒疎，不堪仰附。詎意諄諄不棄，辱練鍾情，雖曹子之遇江妃，鄭生之逢溪女，亦足以彷彿其萬一也。是以不慚形穢，妄自續貂，抱春悶以空回，悵芳塵之未悒，自念寒儒福薄，貧士緣慳。今日幸得重逢，不知何修至此也。」仙主於石上請生就坐曰：「妾縣傍之官家女也，怙恃雙亡，門庭冷落，欲效十年之待字，深慮多露之見欺。昨者泥迹繁花，移居林內，見君翩翩吉士，洒洒眞儒，故動起摽梅之思，自冒投桃之恥。倘君子不嫌聲跡，許結絲羅，安知不是三生香火姻緣也？」一生大喜曰：「多謝垂憐，容求作伐。」仙主笑曰：「丈夫行事，何必若是其執也？

夫文君識貨，而談者皆羨其行權；紅拂愛才，而後世不疵其越禮。妾之與君，上無父母之可告，下無親戚之可依，知己相逢，一言為禮，奚求蹇修為哉？」復吟曰：

千樹桃花後度栽，劉郎何幸又重來。百年緣債還收拾❶，萬斛幽愁盡擺開。誰謂赤繩徒浪語，應知紅葉是良媒。藁砧自古多前定，莫怨天庭墮玉杯。

生曰：「『天庭玉杯』，是何說話？」仙主曰：「後日便知，不必問也。」生遂續吟曰：

藍壁何緣敢種栽，喜逢佳偶自天來。昔年秋夜銀橋隔，今日春回玉鎖開。昌世已符飛鳳卜，語冰不假令狐媒。寒儒遙報將何以，願把新詩當謝杯。

詩成，二人緩步而歸。至家望月訂盟，朝天拜謝，遂成琴瑟之樂。起居出入，相敬如賓，生自此在春閨之時多，遊雪門之日少。一夕仙主夜織未罷，見生帶月而歸，因設坐庭前，焚香對飲。生四顧良久，帶酒言曰：「秋色澄明，月輪瑩徹，二十八宿分明，子兮子兮，如此良夜何？」仙主見生放蕩，常欲勉正，因生之言，遂以二十八宿疊成一律曰：

「女」顏誰「謂」遠書「房」，「畢」把「危」「心」定主「張」。鄰「軫」「室」「虛」分「壁」焰，月「低」「昴」「角」借「樓」光。「柳」文「星」炳須「參」究，「箕」傳「牛」毛要「井」詳。「觜」吐「奎」翰爭「鬼」「斗」，禹幻「翼」「尾」趁陽「亢」。

生見詩知有諷己勤學之意，卽倒和曰：

吞「牛」掘「井」志方「亢」，「箕」授「參」傳已「畢」詳。「斗」「室」「壁」題驚「鬼」膽，「危」「樓」「奎」咏動「星」光。「角」才誰「謂」「低」唐「柳」，「翼」卯多「心」「尾」漢「張」。素「女」清「虛」應「軫」我，桂枝月「觜」送文「房」。

仙主得詩謂生曰：「夫所謂儒者窮經致用，學古入官，始雖文翰而進身，終則經綸而濟世。若徒爭奇鬪艷以爲才，尋章摘句以爲能，而欲竊儒之名，不亦遠乎？」生再三致謝曰：「小生少負微才，失於狂放，今承金誨，銘刻在心，不敢更蹈前非矣。」仙主聞生之言，歡慰不勝。夫妻再閒談往事，直至月落斗斜，方纔就寢。

歲餘生得一子，穎悟非常，生喜其萬事已足，學業日增。明年，一舉連捷，官居翰苑，衙靜吏稀，終日與仙主唱酬，曲盡人間之樂。

一夕殘冬，寒威相逼，二人擁爐向火，仙主潸然下淚。生驚問其故，仙主顰眉曰：「妾非凡間之女，乃上界之仙。只因誤墮玉杯，暫遭謫譴，與君作合，誠匪偶然。曾諧宿世之芥針，再執此生之箕箒。今謫期已滿，命覆霄庭，念君子之枕席誰供，憐妾兒之幼沖何恃？悲歡常事，離合由天，雖淚洒紅冰，愁生白髮，亦何益乎！」生愕然失色曰：「仙凡懸隔，幸得聯姻，夫婦綱常，豈堪渺忽。今甫契尋芳之約，忍寒同穴之盟？掛落中天，花殘上苑，何其締合易而分散不難也！」仙主曰：「事君有年，豈不相諒，妾非貪紫微之樂，而忘荆布之恩；非重蓬閬之遊，而輕糟糠之誼，但恨歸期已促，難可少留，亦事出無奈耳。」生聞言悽愴可掬，眼淚交流。三更末，仙主遽向生前拜爲別❷，執生之手，似有不忍相捨之狀。俄而鸞車玉佩之聲漸逼門外，復勸解數語而去。生急欲挽之，只見香風頻來，祥雲四合，已失所在矣。生昏悶移時，自是公務荒疎，形容銷瘦，但有月照疏簾，風吹寒帳，遊燕雙飛巢舊壘，征鴻獨叫渡蕭關，則强起憑欄，寄情紙筆，哀怨之辭不能盡見，惟留數行一篇云：

書齋盡日掩柴扉，日掩柴扉暗淚垂；垂淚雙行斑似竹，衷腸百結亂如絲。寒儒自古多憂患，落魄嗟予更可悲；徒壁龍鍾何所倚，出門潦倒誰相知。誰知一見蒙相愛，萍水藍橋如有待；反側何須夢好逑，團圓想已酬緣債。慇懃林下對花談，叮囑庭前朝月拜；願為年年並蒂蓮，願為翃翃同心帶。同心並蒂失無他，一旦分離將奈何？炊幻徘徊驚客夢，鼓盆慷慨吐莊歌。雲收雨散巫山瘦，橋斷烏飛銀漢斜；愛海無端成悵海，恩波何事起愁波。愁波悵海應難涸，恩愛已隨霜葉薄；錦帳香銷重慘悽，粧臺影去長寥寞。水流南澗藻空生，風動西垣花自落；馬得琴絃再續鸞，馬得華表重來鶴？離鸞別鶴何悽涼，永念伊人枉斷腸；桃水自深情自淺，柳條偏短恨偏長。長卿渴病應難瘳，奉倩癡心祗自傷；昔日庭前祈禱處，而今惟有月茫茫。茫茫月色如前度，月色不知人思苦；早識仙人易別離，當初莫入天台路。天台路隔幾千重，前度劉郎那得通？何日再伸平日約，今生已負死生同。齊眉行義高山仰，結髮恩情逝水東；海誓山盟無處覓，可憐好事轉頭空。轉頭不覺光陰換，綠暗紅稀春又晚；燕子傷心舞不成，鶯兒惜景歌如怨。誰家梅笛弄黃昏，何處玉簫吹夜半？況復深秋滯雨時，隔岸寒砧聲續斷。寒砧隔岸搗深秋，不搗秋深搗客愁；獨坐殘燈常作伴，失眠長漏久為仇。半氈冷淡紅塵鎖，孤枕悽涼白雪浮；已矣佳人難再得，北堂惟有樹忘憂。

此後生纏身病骨，懶於宦情，嘗自嘆曰：「凡人之求仕者，或爲國則以輔世長民爲志，或爲家則以仰事俯育爲圖，今我既乏經濟之才，又無親眷之累，豈能爲一身哺啜，久糜於名利之場乎？」遂上乞骸一本，謝事歸鄉，築居桃林舊處，終身不娶，教子成名，惟托興煙霞，放情詩酒而已。

却說仙主對上帝曰：「五紀之期，已完公案；三生之想，獨絆私心。惟願陟降無常，遨遊自在，庶得覓塵寰舊遊也。」帝許之。仙主乃帶桂柹之娘，直指清化庯葛地方騰空而下。這地方山嶺秀麗，花草清幽，玉井鍾靈，湧出陰陽之水；雲衢有蕩，通來南北之人。仙主每於此處大顯福善禍滛手段，方民震懼，相率祠而奉之。

景治年間，朝廷聞知，遽命羽林衞士，方外之人，大爲勦除之舉。此時象馬喧闐，鼓鐘振動。有張弓，有發砲，聲似雷霆；或擲印，或飛符，勢如風雨。霎時間，山川變色，鳥獸驚惶，竟將一座靈祠，〔化〕成灰燼矣。誰知王威誠大，仙法更神，數月之後，疫染一方，殃遺六畜，比前日十分猖獗。鄉民愈不能堪，結壇致禱，忽然衆人叢裡躍出一人，跳走三層壇上，厲聲曰：「我乃上天仙女，顯聖凡間，汝輩請命朝廷，重創新廟，我當除災降福，轉禍爲祥。否則使汝一方終無噍類矣！」鄉人如神降所言，詣闕叩訴。朝廷靈異其事，卽命重創廟宇於庯葛山中，勅封禡黃公主。方民祈禳者輒報應如響。後來王師平寇，大有默護之功，加贈「制勝和妙大王」，榮列祀典。至今家家畫像，處處構祠，以介景福云。

終畢

總評

誰謂婦人難化？嘆世間秉德薄倖何多？默齋若匪善齊家，夫人怠時捐生者。半生契凋，命之奈何。一雙忠義，各垂不磨，悠悠萬古長香火。

右調皂羅袍　文江段

【校勘記】

❶ 此句「還」與「收拾」之間，原本有半行空格，中加「……」字表示，以據底本複抄而成者。

❷「遽向」原作「□面與」，後在原字上改正，並點去「與」字。又「別」字上有「為」字，點去。

三、安邑列女傳

紅霞女子著

家兄雪庵　淡如甫批評

皇朝永盛年間，有一少年進士，丁其姓，完其名，自號默齋，乃義安安邑人也。公幼失怙恃，終鮮兄弟。幾冠而議桃夭，爭奈蛇虺屢徵，熊羆欠夢，復納守相家女阮氏亞室焉。這阮氏姿容閒雅，舉止端莊，精針線，長翰墨，技藝之多，一時獨步。暨于歸，果能以正處己，以禮事夫。公愛而敬之，每遇退食之暇，輒與夫人閒論忠臣烈女，聯吟白雪陽春，酬唱之間，備見於關雅和鳴集，不暇贅引。記一日，公春睡晏起，夫人吟脫簪一律以正之。其詞曰：

日出端非月出光，良人獨自倚仙床；周公未遇關心切，湘水何方去路長。燕逸倘忘今職業，鷄鳴忍聽古詩章；阿誰添滴銅龍水？免使三晨悔管郎。

公覽詩嘆曰：「措詞柔婉，寓意深長，古稱姜后、徐妃，當遜出一頭地矣。」遽召夫人，改容致謝。自此握髮吐哺，旰食宵衣，在官僚者咸以勤幹稱。

至乙未年，朝廷選使臣，結好鄰國，群臣以公應命焉。公謝旨回院，謂夫人曰：「我生黎朝，受黎朝官爵，食黎朝廩祿，東西南北，惟上所使。倘能不辱君命，亦不負我初來志也。獨憐汝羸羸弱質，寂寂孤房，守貞心於雪枕霜衾，寄幽恨於春光秋月，想此時節，何能爲情，此我之以眷眷於汝而不忍釋懷也。」夫人聞言，良久掩淚曰：「原隰勤勞，桑蓬氣概，此大丈夫本事，妾非惟不知，亦不敢言也。至如黛殘粉倦，綠慘紅愁，妾之此身亦何足算。所慮者以金玉之姿，冒嚴凝之地，登山涉水，沐雨櫛風，旅次蕭條，行塵勞頓，此時天各一方，寧能使妾鐵石其肝腸乎！」言罷，淚如雨下。公再三安慰。竟憂心惙惙，害成一病。公亦爲之慘然，第以王事在身，每懷靡及，終付之無可奈何。至期，百官撤祖，全家送至呂璁驛仍駐，夫人持曲水盃，贈詩一首云：

一餞長亭萬里心，青春易擲隔分陰；皇華賦就揚鞭去，折柳詩成掩淚吟。北國觀光酬志大，南天陟嶺擁愁深；如何覓得迷丹藥，一醒悠然聽好音。

公見其惋戚，復賡原韻，以慰之云：

仳離世事勿關心，月有清光亦有陰；怯病牽情須强食，含情觸景莫悲吟。謾言士德糟糠薄，重感君恩滄海深；此去粗酬身事了，三秋琴瑟整同音。

詩成，公解羅衣贈之。明日，整頓登程，舉家含淚拜別。公欣然上馬，若不以閨闈介意，輕裘肥馬，其去如雲，後擁前呼，其從如水。家人佇立以送，皆曰：「壯哉！此行也。」獨夫人翻然如醉。侍女扶之上轎，至家幾不起。夫人姐妹及公之親屬都來慰解，方始勉强加餐，偷閒消遣。但所不能堪者，年光迅邁，時令換新，每遇雨打杏花，烟含橘柚，是斷腸時也。或聽草蟲晚噪，春鳥晨啼，是消魂候也。觸景而漣漣楚雨，芳艶爲之暗消；傷心而落落秦雲，豐度爲之頓改。對月則長吁短嘆，臨風則愁唱悲吟。凡所作詩章，無慮三十餘首，姑述詩一律，歌一闋，行一篇，略見志爾。

感懷詩曰：

僕痛難復陟高崗，獨處幽房斷盡腸；嗟我孤衿惟對月，憐他隻雁自鳴霜。漫題錦字情誰訴？特把羅衣意倍傷；四牡如今何處住？洞庭秋色接山光。

北風歌曰：

北風何淒淒，君子于役兮，不知其期；我心之憂兮，惄如調饑。昔君之行色兮，車馬騑騑；今君之家鄉兮，風景依依。昔我之送君兮，飲餞吟詩；今我之思君兮，遵墳伐枚。春日思君兮，感桃柳之芳菲；夏日思君兮，傷燕子之喃呢；覩秋月而思君兮，念姮娥之孤栖；見冬梅而思君兮，拎姑射之低迷。無物不思兮，由砧藁之睽離；何日不憂兮，如絺綌之淒其。嗚呼！何日覯止兮，我心則夷。

征車行曰：

征車何日大刀頭，不敢凝粧上翠樓；楊柳垂絲牽舊恨，黃鶯抛抒織新愁。新愁舊恨憑誰訴？惟有夢魂得相遇；別後尋思不是真，冷侵銷帳何良苦。起來風雨入欄杆，想起幽州五月寒；五月猶然寒剪剪，三冬無那雪漫漫。幾曲胡笳心故國，數聲羌笛客間關；間關天碧黃沙滿，多少征人鐵作肝。冉冉征人車不歇，孤愁萬里行人絕；我憂惟有明月知，我心堪與丁香結。可憐姮娥夜夜心，可憐昌黎團團月，明月團團伴客程，不見桃園無恨情；情中尚憶離璁驛，別後猶驚唱鳳城。旣出鳳城嘽駱馬，更思舊室耀宵行；別來一日三秋想，真是三秋百感生。百感攻心何日盡？征人車至舒吾恨；舒吾恨者征人還，非是喜得封侯印。

且說公自過關之後，與同幹官週水泛桃花之浪，登程垂楊柳之鞭。所歷城、省、郡、縣，寶刹名山，無不留詠。時或分韻，而知郊島之飢寒；時或品題，而辨賀白之仙思。歌詩詞曲，見於皇華詩集者，多至百餘篇。凡騆駱所經之處，一切翰苑名公，山林詞客，索詩求文者往來不絕。見公文翰沉鬱，彷彿少陵；豐釆清奇，頡頏徧玠。空谷之思至形於篇什，有曰：「他時海國揚帆去，重覩豐姿有幾年？」又曰：「握手面談猶恨少，懷君君亦且懷吾。」如此之類，不能盡記。一日，公至杭州，見山伯、英臺二塚，心有感焉，漫然題曰：

手拂新苔認舊碑，吁嗟大義世間希；雪門受業堅交契，花下締盟約唱隨。任歷風波心不轉，若關名教死奚辭；香魂一對今何在？時見雙雙燕子飛。

將近燕京，時值冬令告至，朔風凜凜，瑞雪飄飄。寒色怯灞橋之驢，冷氣擁藍關之馬。公氣質孱薄，兼以夙行晚歇，車驟馬馳，觸此栗冽之天，不覺風花抱恙，門子隨人亦相繼奄忽。公大加傷感，病勢增劇，東道官欲求少歇，奈彼慮牽使命，催促行程。行至荒林，但見紅日沉西，碧烟四合，忽急尋驛館，已無及矣。公露過一宿，不勝苦楚。至京，病轉沉重。時臘月晦日，公謂一隨人曰：「我夢上帝召我草一大筆，病必不起。我生於科甲，死於使命，生死俱無恨，但不能終王事爲歉耳。」是夕，公卒於燕京之公館。同幹官與司賓官衿歛成禮。北朝康熙皇帝諭祭以少牢之禮。事畢，靈車南返，朝廷憐其終於國事，加贈刑曹左侍郎。

聞訃音日，夫人迷而醒者數次。欲尋自盡，親屬防之加密，沒奈何，始成服禮葬，撰一道祭文以挽之曰：

嗚呼！夫君邦之傑兮，人間瑞氣，天上麟兒。謹行慎言兮，德音不爽；薰香摘艷兮，文字出奇。早擢危科，仕途歷踐，欽將成命，周道倭遲。獨行曠野兮，不日不月；孤身異域兮，載渴載飢。仗蘇旄而北指，望魏闕以南思。抑齋忠貞兮今何讓，毅齋勳績兮古可追。奈之何昊天不吊，哲人其萎。忍使埋玉樹於地中，我腸披裂；折鴛群於雪夜，我心傷悲。噫嘻！噫嘻！故鄉迢遞，詩魂飄飛，此我之不能忘情乎！而昔君之往矣兮贈我衣；今君之來斯兮不我知。昔君之與我兮，旦夕不離；今君之與我兮，會合無期。吁嗟乎！

百年長夜，天實為之。尤可痛恨者，伏侍無人，舉目悠悠燕客；湯藥誰主，滿前咻咻吳姬。萬里長途兮車檻檻，單衿孤館兮雪霏霏。致淹淹而不起，奄忽忽乎無歸。安得斷絃再續，落月重輝，使我平生之約兮不違。已矣乎！水流莫返，花落難移，蕉葉雨和兮，夢殘三峽；長天雲瑣兮，望斷九疑。絳帳淒涼兮無琴瑟；洞房寂滅兮有伊威。紫極杳茫，君今何往？青松黯淡，若將疇依。想君之生前正直，死後有知，何不叩我以半面，而接我以一辭。倘若陰陽路隔，難稱我私，請攘微命，庶得相隨。寸心無盡，君其鑒之！

祭畢，家人見辭頗不諱，特來勸解曰：「夫人平昔素以聰慧稱，而今何苦執迷乃耳？蓋夫婦雖云大道，而陰陽實係殊途。故雖甘墜樓之節，未必相從，深懷成石之思，祇爲無益爾。況使君志酬裹革，職盡匪躬，夫人奚必瘦柳殘梅，沉珠碎玉，恐非使君平昔之意也。」夫人墜淚曰：「未死人非敢沽斷臂剔目之美名，市投井磨簪之高節。但以春歸花謝，心死形存，不復知有人間矣！」家人見言不解，無刻敢離。

一日，夫人燃燈而坐。時正深秋，金風大起，琤琤鐵馬，唧唧壁蛩，寒砧搗梁婦之心，明月照玉生之淚，感心觸目，無處不牽愁也。夫人倍加悽慘，伏几而哭，昧然沉困。見一人方巾博帶，自遠漸近。夫人忙欲迴避，熟視之，乃公也。夫人喜迎而泣曰：「自隔蕭關，動淹四載，悲哀血淚，別枕幾浮，零落夢魂，無處不尋君也，而君乃戛然莫我肯顧。若謂人間天上，兩地相懸，何舜妃有相見之期，而祝女有來迎之日？想君於妾，殊覺薄情。」公蹙然曰：「我自身歸帝鄉，日視筆硯，天曹事冗，不遑相訪，繾綣之心，豈有昔是而今非乎！」夫人請公就席，披豁積懷，公撫慰之曰：「旦暮死生，古今常理，悲歡聚散，世事循環。韋玉蕭有再合之緣，楊太眞有他生之約。汝不必紘悲別鶴，鏡泣孤鸞，聚首之期，目前可卜矣。」言罷，一陣清風，竟失公所在。夫人慟哭而覺，使侍女觀天。但見霧色朦朧，月光暗淡，已將曙矣。

夫人自此更切遺世之想，然未得其便。至練祭，家人事忙，夫人於房中裂所贈衣自縊。及覺，已無氣矣。舉家哀慼，備禮合葬。事聞朝廷，特命創立祠宇，旌表其門，門額寫「貞烈夫人祠」五個金字，惠給祭田，四時享祭。鄉人祈禱者稔有靈應。

數年後，有一姓何者，季秋赴省，停鞭於旁村之酒店。時金風荐爽，晚菊吐香，生動了山水豪興，因喚一小童攜酒散步，領略秋光。不覺行過數里，將抵祠外，見樹木不甚陰森，景致十分幽爽，朱門晻映，金字輝煌。生心知爲烈女祠，蹇裳直入，竟向祠廡間碑前坐下。且酌且讀，酌乾一壺酒，讀盡幾行文，方備知原脚，雄逞詩才，遂援筆題一律于壁云：

少年有幸仕逢辰，滿腹文章可致君；玉紵銜來馳北駱，羅衣遺下質南身。雪侵使驛迷金節，春鎖香閨墜翠巾。平昔勳名何處見？忠魂落得配佳人。

題罷，乘酒回寓。日色玄暮矣，和衣就寢，寒風倏來，見一綠衣女使前致辭云：「奉夫人鈞旨，辱請先生。」生茫笑曰：「他鄉旅次，素昧平生，不知卿家夫人喚我做甚？」女使曰：「先生休怪，隨我便知。」言竟，導之而往。俄至一所，珠樓碧盧，畫棟飛甍。生惶遽鞠躬而入，歷三四重門，見琉璃殿，內鋪著七寶床，床上端坐一位夫人，頭戴金鳳釵，身披錦龍襖。生曹知來歷，拱立殿外，但俯首而已。遙聞殿上一聲賜坐，早見前綠衣使引生入殿，左右設錦墩一襲。生整衣就坐。初供清茶琥珀盃，繼獻芙蓉璉璪匣。生啓而啜之，忽聞夫人宣聲言曰：「先生壁前詩句，豐韻不凡；領頸數聯，鋪敍略當。至尾一聯乃曰：『平昔勳名何處見？忠魂落得配佳人。』得無以少年孟浪而唐突前輩乎？夫使君以科甲之身，應皇華之選，始之生也才幹，終之死也忠義，始終一節，生死俱榮。然其故國鹿惶，他鄉蟻夢者，緣是使君於北地有□香火前程，爾豈以我之死而件享爲耀乎？請爲先生談之：夫君子之道，端乎夫婦，而國家之御，刑于寡妻。故三百之首關雎，二典之美釐降，良有以也。蓋以心先正則人始可化，身既修則家後可齊。是以盧汭陟方，而湘竹淚痕留芳萬古；徐州奄沒，而燕樓清節佳話千秋。凡此未有不自身修家齊致者，尙論君子何嘗以內嬖取笑哉！若其溺情一笑，而畫京兆之眉；愛敬四畏，而落龍丘之杖，則嗃嗃嘻嘻，閨園自已無法，將欲以貞節望人，其奚能乎？想使君之在平昔時，治已之方，以禮以敬，待人之道，有惠有恩。故凡聞使君之訃音者，莫不停西路之行，墮峴山之淚，奚獨一妾乃爾哉。方其尊駕在北也，使君之旅識者有僉之曰：『人孰不生？生於科目，其生也榮；人孰不死？死於國事，其死猶生。』夫以異域之士，而猶爲使君一太息如此，況國人乎！及其靈輀還南也，使君之契友者，有挽之曰：『吁嗟，吁嗟！天意如何，想尊公之致是。將風土然耶？抑氣數然耶？』夫以同窗之人，尙爲使君一斷腸若是，矧家人乎！是則我之爲使君者，非獨重其恩情也，實感其忠義也。妾之心跡，先生其明之！」何生聞言，猛然有覺，忙欠身致謝曰：「小生山水閒遊，詩酒遣興，醉後信筆，冒瀆尊靈，負過深重矣。尙願復賡原韻，以雪妄言之咎可乎？」夫人曰諾。生遂換取袖中四寶題曰：

北路馳驅遠北辰，思家一度九思君。

題完二句，忽聞殿外黃衣女子稟曰：「上帝有旨宣召娘娘，法駕在外矣。」夫人急趨下殿，回顧生曰：「先生目下發達，須自愼言，口裡春秋，從今再不可妄矣。重和佳章，容來日領教。」生恭身離席，連聲唯唯。已而祥雲靄靄，瑞氣騰騰，夫人向門外去。生急尾之，則店鷄已頻唱矣。翻身覺醒，乃羅浮一夢。遂起身梳洗，復至祠所，續夢中未完之詩云：

麒蹄半踄皇華路，狐首仍纏外閫身；墜玉端非傷衽席，贈衣原是憶綦巾。千秋忠義雙魂在，愧殺當時薄倖人。

終畢

四、碧溝奇遇記

昇龍城西南碧溝坊（昇龍城乃我皇朝所都之地，此地有濃山一頂，頂上作敬天樓。昔有乘龍自此升天，故曰昇龍城。其碧溝坊今屬城都奉天府廣德縣。），有金龜一堆（在國子監之右。旁有一池，形如鳳翼，人呼爲鳳池，今號爲秀淵湖。），山水縈迴，草木疏茂，曠歲彌年，未有人烟之跡。洪德年間（黎聖宗年號），有一書生，姓陳名淵，字尤班，家世樸茂，素好詩禮，其父爲令，頗有陰德，晚始生淵，天質秀異，神性聰明。周歲喜書，六歲曉詩律，父母重愛，以爲奇童。既十歲，受業于粱先生，始于堆間，討茅結廬，爲僻居讀書之所。年十五，嚴慈雙逝，家計單寒，取給於人；然手不釋卷，思以學成父志。尤長詩歌，下筆成篇，文不加點。嘗有詩云：

男兒膽氣更文章，要使才猷動帝王；書劍功名驚地軸，茅苴事業破天荒。手提玉簡三千里，坐擁金錢（叙）十二行；身到汾陽無礙處，百花叢裡醉壺膓（觴）。

時生年少任俠，日常携友散步，訪古尋幽，題花詠月。園亭寺觀，觸景便吟；短什長篇，不能盡述。姑敍其所題金龜堆詩一律云：

一眷茅菴宛水山，渾敦鑿後幾年千？鳳池浮上文章甲，碧水撑迴道學瀾。堯世剩留游沼跡，洛濱如在負書間。青雲此是將來路，安伺尋常七十鑽。

詠珥河詩云：

汪汪四滙接西涯，派入龍編玉抱迴；晴月冰天明軫翼，微風波影動樓臺。利名帆棹千年會，朝貢舟航萬里來；好向鯨沈戈洗日，滿船絲竹載霞杯。

詠西湖詩云：

間出瀘蘇玉鏡浮，盈眸風景似杭州；南城連帶重波帖，秋水長天一色鋪。狐跡寥無閒水鷺，虎妖因斷宛金牛；平章分付騷人筆，寫出皇都第一洲。

凡經過品題，鮮能和者，人呼以爲詩將。但神仙一事，素所不信，嘗斥之以詩云：

流水浮雲兩渺茫，不知何處是仙鄉？虛傳蓬島乾坤別，浪説桃源日月長。楚館薄祠還夢幻，天台洛浦總荒唐。當年秦漢成何事？孤塚寒陵只夕陽。

甲辰年，玉壺寺尼姓吳者設無遮大會，時天下太平，又值賞春佳節，京城田野，觀者四出；生亦儒冠士服，逐伴作少年遊。直抵會間，間綠穿紅，經過一遍，停足於綠陰之樹。忽見飄下一紅葉，皆有朱書，細楷數行。生拾而觀之，乃一詩也。但雲篆依稀，不能盡曉，只於首尾念得四句云：

柳綠桃紅三月天，青鸞飛下梵花邊；藍橋路外人如蟻，誰識神仙在眼前？

生看了驚異，嘆曰：「我素名詩將，逢敵便戰，這詩制自何人，嗚怪我前？恨不得與他半面，辨了一辨。」乃發願曰：「如來有靈，還當主張這事，把的紅葉，倒作媒人可也。」方想願間，俄聞香風馥郁，迎鼻而來。生抬頭一顧，見一簇紅衣五六人，從寺中出，逍遙於鞦韆樹下；韶顏穉齒，皆國色也。中有一人，年可十七八，眉分柳葉，臉映桃花，顏色俱佳，服裝絕整。生纔顧盼，則玉骨冰肌，眞個傾國傾城之貌，自是色動神搖，一點芳情，都在美人身上。女見生有顧戀之意，亦以秋波頻送，若相憐之狀。生暗喜，趨前揖曰：「去打鞦韆，偶因失驟，誤觸芳顏，幸勿以冲撞見罪。」女歛容答曰：「祗園廣大，豈以一誤罪人？」生見其怡色雅詞，即應口曰：「祗園廣大，願開方便之門。」女見生語意頗傲，徐啓朱唇曰：「覺海慈悲，不度痴迷之鬼。」生曰：「無遮好會，更多人我輪王。」女曰：「自在法身，豈作風花教主！」生曰：「菩提樹，不知何處下栽？」女曰：「般若花，只在有緣上去。」女微笑曰：「灼灼曇花，豈意更遭蝴蝶鬧。」生曰：「深深釋苑，定知今許鳳凰棲。」兩個對話，不覺斜日含山，遊人各散。女亦輕移蓮步，帶意含羞，背寺而出。生尾之，至廣文亭，行且吟曰：「月下精神何處現？」女顧續曰：「眼前色相本來空。」言訖不見。生素重風情，又有膽氣，亦不甚訝。但曰：「佛耶，鬼耶？豈其夢耶？」因於是夜，點燈獨坐，竟夕不寐。爰製憶秦娥詞一闋與懷春十詠，以寄幽思云：

巧樣粧，這嬌娘，現是觀音幻道場　若教鐵石掛肚牽腸，書房好伴清光，人間萬願總尋常。何時與會？明月西廂。

其一

楊柳隨風到上方，天間吹下粉脂王；疏疏山掃青眉淡，擾擾雲收翠鬢長。顏貌也應登紫閣，風流只合配才郎；何當寂寞書牕夕，留伴清光四寶房。

其二

書齋歸去憶花神，百媚千嬌記未真；袖拂絳紗籠雪腕，步移苔砌露湘裙，可嗤癡月癡花客，更遇傾城傾國人；沒個紅娘吹信律，西廂何處再逢春？

其三

花顏怪見幻毛嬙，巧為青年送斷腸。無故乍逢還乍別，教人如醉又如狂。尋芳路阻三春樹，傷遇胸填百感漿；夜靜更殘人獨坐，月移花影過東牆。

其四

黃昏何處唧金蓮？方丈空餘柳鎖烟；玉佩瑤簪人去矣，鏡花水月思茫然。戀深癡想紛如縷，愁重剛腸軟似綿；月下歸來誰與語？孤燈挑盡未成眠。

其五

人生難遇者嬋娟，安得黃金換夙緣？淨境無端空墮玉，塵心自信未能禪。癡魂此夜牽襟畔，好愛何時並枕邊；風伯若知吟思苦，穿花吹到美人前。

其六

留春無奈去匆匆，回首遭逢一夢中；怨景有懷傷懶蝶，芳心無使托征鴻；良宵寂寞孤燈月，秋夜淒涼半枕風；默默幾回詩想罷，參橫猶自倚吟牕。

其七

誰知月下遇傾城，贏得慵痴別後情。浮世縱能諧夙願，此緣誓不負今生。別時誨（悔）未詢鄉曲，去處疑猶嚮佩瓊。月落閒愁宵不寐，暮朝況復杜鵑聲。

其八

人間更有這妖嬈，月下花前影亦嬌。見面從今成惱漢，遣懷無趣度良宵。可憐五夜愁縈枕，不覺三分瘦到腰。何日姮娥偏愛我？登天一路指星橋。

其九

東風何事故參差？吹起雲來又放歸；不管鶯忙烟底樹，空留鵲怨月中枝。惜春意欲無人會，題葉吟成只自知。何日天門方便啓？此生緣分付紅絲。

其十

風流邂逅古來多，底事如何又坎坷？帶悶書懷容易懶，催愁春漏等閒過。塵心慢把相思嚥，豪氣空成別恨魔。最是關懷難遣處，臨時一轉漾秋波。

自是行思坐想，廢寢忘飧，意懶神疲，力難運肢體矣。月餘不就學舍。其友何郎來省，生具以實告，何推席曰：「此必是仙人也。十五年前聖宗淳皇帝出遊，御輦過玉壺寺，見一美姝于鍾樓吟云：『在此卽景卽師，雖好道佛，未了塵心。❶』帝愛其才思，邀與賭詩。美人請帝先做，帝索題目。美人卽以前所吟命題。御製云：

世事塵緣誠可笑，雖好道佛未離塵，持經一聲散俗念，蝶魂三更悵世事。萬尋慘海為淺灘，千丈恩河未盈滿；何處尋得極樂界？極樂只在爾身邊。❷

美人看了乃於題聯上句批云：『欠景意。』爰將『持經一聲』四字改爲『春風吹盡』。又改『三更』字爲『成道』字，『慘』字爲『苦』字，『河』字爲『源』字❸。上大嘉稱賞，屈致禁中，因與同輦，回至殿門，騰空而去，始知其爲仙也。帝乃於殿門之外，起樓以望之。今殿前大興門望仙樓是也。原兄平日詆斥仙事，概謂荒唐，安知向賭詩者，不復來此爲開一障耶？」生沉吟曰：「葉上之詩，必此人也，然猶疑似。」何曰：「仙可遇而難求，瓊林、杏苑、人世蓬萊，以兄仙才，必在第一峰矣。且書中有女，不減雲漢之飛瓊，奈何爲無益之愁，徒使渺茫間反笑我爲荒唐也。」生聞言强起就學，然悶悶盈顏，一片神魂，未嘗不在女側。聞白馬祠最靈，親詣密禱，且卜之得第四吉讖，借風行舟之兆。贊云：

旁心勞力欲成功，只待花開一陣風。多謝東君輕出力，望春別有一枝紅。

是夜，因求夢于祠所。三更末，見一老人，綵衣道冠，手執金簡，立于庭中，呼曰：「餓色郎，餓色郎！明日於東津畫肆，俟我爲汝選佳期也。」生寤而覺，晨往求之，了無所見，暗道：「東津古來無畫肆，來此何爲？知廟祝必戲我耳！」惆悵欲歸。頃見老叟，手持傳神一幅，匆匆而來，問之，則美人圖也。仔細接看，百般豐采，一肖所遇之人。生愀然懇買得之，袖歸文房，掛于壁間坐側。每於月夕風晨，不勝遐想，乃藉此以消愁，因題詩其上云：

月花骨格玉精神，金屋朱樓異世身；臉懶曉粧仍始雪，鬢羞梳整自拋雲。不輕一步移閨閫，肯為千金易笑嚬。何日秋波將意轉？眼前風送有情人。

自是愁思稍寬，精神留戀，每飯則置箸二雙，祝然後食，日以爲常。居月餘，時值初秋，涼風乍動，新雨初晴，黯然傷神，遂口占一律云：

金風吹落井邊梧，殘暑關河入素秋。怯老山容呈瘦削，疏歡柳色減嬌柔。天邊寒信來鴻雁，星渚佳期近女牛。借問此時砧杵夜？誰憐書館淚雙雙。因顧圖中美人謂曰：「某少歲孤貧，一寒至此，書牕勤苦，內未主饋，下乏使令。自一遇到今，情懷萬狀；縱娘子不念情人則已，如情人之念娘子，何藥可醫？胡爲滄眼至此，枉令人空抱煩惱也。」言訖，畫中美女粉臉隱紅，似有含羞之狀。生雖甚訝，然心內喜，以爲曠世奇逢，乃吟四律云：

其一

不言不語忽精神，一段風情易溺人。葉底花猶含玉蕊，天間月欲放冰輪。誰知檀樾懷雲舊，默假丹青變態新。若是有情憐寂寞，何妨一現作真身！

其二

無情誰料有情憐，乍爲悲秋便訴雲。未發真辭通笑語，先將畫軸見精神。人雖相對如千里，意已潛投到九分。喜處若聞低說道，世間何假不成真。

其三

蕭踈天氣逼堦，吹動佳人不語懷；惱爲無聲含柳想，嬌從好思上桃腮。剛嫌花事空仍色，浪倩鶯塊喜更猜，若使來時春放盡，暈紅應當一枝梅。

幾回冷淡傍書齋，今日情顏若半開。色相疑從金闕降，精神覺自玉壺來。含羞好惱無盡處，默想堪癡有感懷。此去三生緣路近，分明枕畔是天台。

其四

一日早往饘堂，餉午而歸，忽見床上整置一盤，啓而觀之，珍膳嘉殽，無所不具。生怪曰：「門鎖依然，豈天風偷送到此？」細觀厨房，杳無踪跡，惟壁上畫人，頭簪略異而已。時生未用早飯，遂取而啗焉。淸芬異味，齒舌俱香，啗且吟曰：「具饘無地產，送食有天厨。」顧圖中謂美人曰：「豈哀王孫而進食耶？」因奉卮酒曰：「旣然相愛，何不一共罩也？」自是每聽講回，已見午飯整置。生亦半疑半喜，不解所爲。一日，詐就饘堂，中途而返，潛匿牕處。窺見美人，從畫中出，淡服淸粧，不施朱粉，挽却烏雲，往東厨討個頓飯。生乘不意，卽推門突入，連忙呼曰：「娘子，多荷辱臨，今日得拜謝矣！」女低聲曰：「旣落君家，不敢領命。」生跪下，女急扶起。生因叩其姓名，女曰：「妾乃南嶽仙姝，號霞絳嬌是也。曩因相遇，屈致塵寰，事係夙緣，今復與君再結，以完未了之債。」生曰：「得非玉壺間相與小生聯句耶？」嬌笑曰：「然」。生曰：「我爲芳卿斷腸久矣，今復在此作躲影乎？」女曰：「昔玉壺寺建大功果，妾因隨姊妹遊觀，見君不信仙教，欲以數言提醒。不料弄出口嘴，逞得一段才情，別來匆匆，遺惱君子。近因白馬眞君奏聞靈霄上帝，憫君未室，恐墮塵緣，每欲使妾投胎，與君作合。第妾以璇宮玉質，一旦托生人家，則元眞已換，更待年紀歲月，又再參差。故願畫圖，欲完眞身，與君作對，其舊姻也。今奉巾櫛，幸以此意相憐，勿使妾他日有遺恨也。」生卽指天誓曰：「如有負約，月斧雷斥。」女謝曰：「聞君金石之言，願留肺腑。」生見娘態度辭氣，喜不自勝，因問曰：「欲早成親，胡乃稽遲至此？」一娘曉之曰：「彼崔鶯輕於獻玉，難酬紅杏之歡；金瑛易於隨風，終抱青梅之恨。蓋得之易，棄之亦易，故姑待時辰，遲以歲月，欲君知會遇之難，而使君愛惜之至矣。請君勿訝。」生曰：「蓬蒿凡骨，獲配瑤姿，千載一時，不勝歡喜。但願同衾共枕，胥陶偕老之鄉，勿勞娘子過慮。」女卽招所畫花枝，變成兩個侍女。乃命整頓桀膳，相與行交拜禮。生顧視絳嬌，不能定情，欲以微辭挑動。娘曰：「君性太熱！妾既足踐閻浮，豈無人意？但妾昨與仙侶同遊，別來未有辭謝，今請開一賀筵。便辭仙客。」生欣然從之。至晚，安排酒菓，鋪席廷中，嬌整粧與生玩月。生忽於壁間一顧，則錦宮瑤閣，瓊室玉門，紅杏碧桃，迥異塵寰之景界；黃梅繁李，自同天上之風光。俄見仙容公主與魏絳香從雲中至，及群仙踵後者百餘人，皆沉魚落鴈之容，閉月羞花之貌。嬌整容迎揖，生亦弁立敍禮。坐定，嬌敍其邂逅之緣，仙容、絳香齊聲戲曰：「我輩身在金臺，久離欲界，豈意班中玉女，今日有夫。」絳嬌曰：「從來僊女多嫁人間，兩貴姐已於前頭先立赤幟矣。但楮、徐二郎，今不在座。」各撫掌大笑。已而開侈宴之筵，奏鈞天之樂。麟脯鳳炙，極水陸之珍；鸝舌鶯喉，盡聲歌之樂。宴罷，群仙顧謂生曰：「今日寅緣，誠爲曠世一會，勿道神仙爲虛幻也。」生謝曰：「凡間羸質，夢不到于青都，今幸遭逢，殆覺僧孺、文肅之事，諒是天機難泄，非虛傳也。」辭話既了，群仙各各散去。生與嬌餞送出門，回首間已失夕間所見。生與嬌携酒入房，正是：一朶名花，未經曉雨；十分春色，總屬東風。誠仙府之奇逢，人間之至樂，不可以言語形容也。絳嬌謂生曰：「五百年這段姻緣，今夕始與君訂矣。」明日，生在絳嬌坐側，眼去眉來，不啻廣寒仙子，水月觀音大喜。口占詩云：

素娥粧了出瑤宮，銀燭光中接玉容。經目新嬌花影弄，稱懷遍體雪肌豐。仙源遡盡三更月，凡骨清來一夜風。從此平生心願足，不勞雲雨夢巫峯。

玉潤冰調出艷胎，虛皇屈降伴書齋。謾言三島神仙遠，今日丹青畫裡來。曠世遭逢曠世緣，此身種福係生前。從今抱看霞娘子，始信人寰有謫仙。

早膳罷，生謂嬌曰：「玉壺相遇，一日三秋，今幸天從人願，喜出望外，百歲之期，於茲爲始，寧可忘乎？娘子艷辭藻句，吾不及也，前已見諸詩什，自從魚水緣諧以來，可無片言以記實乎？」絳嬌辭以楮墨非婦人之事。生曰：「班姬、蔡女，古時曾已聞聲；道蘊、易安，今世宛存記迹。抑亦非歟？」生強之至再，嬌始黽勉從之，讓生先唱，而嬌始和，凡六十韻。其詩云：

昨夜若何其？春開錦繡圍。銀河橫鵲渚，氷鑑照娥眉。托得桃花日，相逢梵苑時；芳心難自抑，倒舌慢相持。才稱潘容美，姿兼謝思奇；三生懷旣別，十詠記相思。情重神能感，時來運亦隨；千年締好會，三島降真姬。似昔從仙侶，游凡到地遺。只緣傷色界，不覺墮心機。塵願通瓊宇，糊牕屈玉肌。絳星辭貝闕，畫軸托紅絲。歡會臨芳席，仙筵作好期。宓妃來洛浦，王母下瑤池。雁落吹簫女，虬登鼓瑟妃。鈞天調聖樂，雲液絕靈媚。玉笋調霜藕，金盤薦寶糜。珍羞窮水陸，異器錯珠璣。量大盃傳急，喉清曲度遲。笑舛容可掬，態遠意難窺。彩曲酣歌整，弓鞋惱客移。橋登辭旣醉，珮贈囑于歸。夜靜風吹籟，天高月放輝。瑤臺吟未罷，綉褥坐相歌。酒肆黃花酌，茶呼赤脚司。撩金香語活，戀玉渴懷痴。席上詩將倦，花中蕊欲飛。良宵難浪度，好事豈終違。色膽大如斗，芳情甘若粘。留燈垂繡幙，添麝熱金猊。快携雙玉手，歡入五花帷。無力嬌堪畫，多情動若吹。含羞低雪貌，帶赧解羅衣。七寶臺中樣，千金屋裡資。麗容生不偶，俗眼見應希。可蝶花心窄，宜鶯柳骨[illegible]。同心連翡翠，帶血吐薔薇。燕舞花枝顫，蜂啣玉串遺。海棠風骨透，芍藥露珠飾。興恣推鸞覃，春狂拂翠幃。烏雲鬆鬢髻，清汗濕臙脂。楚館低裏主，秦臺隔沈兒。衾中難口道，枕上只心知。天假雙棲翼，人疑並理枝。凄涼憐織女，寂寞笑瓊姨。鼉鼓休頻鼕，雞聲莫早啼。心歡眉際露，耳囑舌聲低。吳尼真月老，白馬是明師。願勿相違忤，長教免別離。永奉閨房在，相從紙筆嬉。簋中猶暮雨，牕外欠朝曦。輾轉眠難就，留連樂不支。清粧猶染體，曉態可醫飢。蘭湯更粉黛，芝櫳點腰肢。婷嬝添新甚，羞慚對昨非。肌膚從此潤，頂踵任郎私。昔夢今真矣，心期身得之。蓮嬌看不厭，桃穉愛年衰。償了風流債，傳奇詠此詩。辭情皆懇切，朝夕願情惟。

詩成，嬌展天絲雲錦一軸，按舞劍法，運筆一揮，龍鳳爭飛，星霞交映。生奇之，以爲至寶，因掛于壁間，無能讀者。蓋雲錦神墨，變化無迹，不欲使人知也。絳嬌自花燭之後，奉先思孝，治家甚勤，巾櫛之奉，蘋藻之供，無不稱生意者。及賓朋宴會，不待分付，隨呼卽出，精美清奇，殆非人間所有。遠近多爲生喜，生亦愈加愛重焉。

光陰迅速，荏苒三年，不覺好事多磨，佳期易誤。只緣生性嗜酒，日在香粉綺羅中，沈湎爲樂，常欲强嬌娘共飲，娘每以兩斧孤樹爲戒，時時苦諫，如水投石。娘乃作詩以諷之云：

勸君須愛少年身，莫向酣盃浪度春，志士每因多飲蕩，富翁曾悔買歡貧。河東罷去緣糟臭，采石忘歸為麯神。不信酒為狂誤藥，醒時試看醉時人。

生亦和以拒之云：

知他誰是百年身？酒樂須當及早春。解悶三杯能作氣，迎歡一斗便忘貧。斷秦蛇澤方知聖，翼漢鴻門始覺神。自古醉翁愁盡釋，可憐惟是獨醒人。

是後，蕩飲愈茲，海誓山盟，都被麴魔忘了。一日，生自外來，醉得七顛八倒，娘扶入叩諫。生拂意欲去，被娘再三牽阻，怒從心起，遂以皮鞭連打，乘怒逐之。千祈萬請，亦不回顏。娘慘然叩頭謝曰：「妾以金玉之姿，感君厚情，屈奉閨房之任。三年夫婦，無失唱隨，只望一對團圓，不負月中之約。況君年少才高，青雲在邇，而日夜沉醉，不惜千金之體，樽前岐路，恐致蹉跎。區區悃誠，敢效斷機之諫；不圖苦口，累忤君心，妾不負君，君何負妾！放棄之婦，夫復何言！妾侍君有年，塵緣已盡，當從此歸矣。春風多厲，幸自護持，願勿以妾爲念。」言訖，以袂揮淚，拜辭而去，顧盼間已失所在。那時生在迷境，意其躲避，必俟怒解而復歸，豈期娘已望空去了。遂剪燈就寢，然心中驚惶，寢不成寐。及醒悟時，呼問侍女，始知過不在娘。點燈訪尋，並無踪跡。雖萬分傷感，然悔不及焉。

須臾，侍女亦去，生於是時魂如離殼，手足交墮。來視畫人，則顏色冷淡。生淚下如雨，死而復甦者數次，廢寢食彌月。鄰朋爲之送饘粥，生又置美人圖前泣請月餘，閉門不出。其故友何郎復來省，生喜，因留之宿。何昔與生談道仙事，迨後遭逢，生秘不泄，故何往來游宴，但知生佳偶，不覺其爲仙婚也。及聞生來歷始終，合離之事，且見生哀戚滿容，何亦爲之流涕。因謂生曰：「白馬之祠，既然靈應，盍再祈焉。」生乃如言，親詣祠所，撰文焚香而祝曰：

伏以龍顏如在，神輒祈輒應之機；蟻悃所求，仰無量無邊之惠。欲副凡情之望，須憑聖德之通。小生誤落醉鄉，易迷塵慮。月下風前邂逅，但知艷色傾城；樽前岐路蹉跎，叵奈狂心被酒。致使匣中龍化，枉教鏡裡鸞分。草堂一記逍遙，嗟未遂乘鸞之願；玉樹三山邃遠，恨空將駕鶴之愁。橋乍分銀漢之岐，水已隔蓬萊之路。今者臍非可噬，心幸見原。伏望神明，普施妙濟。轉離為合，七夕聯織女之橋；換果成因，三天配上元之偶。益望舊紘早續，庶重蒙牽引之鴻私；尚其覆水再收，俾在後不勝於鰲戴。謹祝。

祝畢而迴，行且嘆曰：「我今念及娘子所作『醒時試看醉時人』之句，始信酒爲狂誤藥矣。今醒悟之時，事已如此，且奈何哉！」自詣祠回，越旬日間，咫尺巫峯，一信不到，每於燈前月下，對景關懷，往往形諸篇什，哀辭怨調，不可勝紀。姑敘數章，以遺識者一覽。

其一

催愁天外落罡風，吹斷情緣一醉中。綠野未堪消俗慮，彩鸞畢竟負奇逢。同心羅帶猶香味，細語紗厨宛玉容。桃峒蓬瀛今萬里，此生何處又相從？

其二

誤把浮生落醉鄉，傷心底事奈何娘！橋斜銀漢三更斷，水隔蓬萊一路長。豈謂程期還謫降，也將契闊療顛狂。重從縱有開陽淚，不忍前筵道一場。

其三

紅霞深處盼青鸞，路隔天台往返難。照悶燈殘宵漏永，敲愁衾薄午風寒。可憐張碩仍凡骨，堪笑襄王是夢間。萬里藍橋娘去矣，相親何日復相還？

其四

嬝嬝婷婷絕代流，青燈綉帳幾回頭。朱昌劍匣崇朝墮，弄玉簫聲半夜收。解語花今成幻色，無情酒不制真愁。何緣借得遊僊枕？必到蓬瀛十二樓。

其五

瓊臺誰許望飛瓊，訴與由來未了盟。當日早知多別路，此生何用遇傾城。百年舊約言猶在，一片傷心畫不成。此處愁秋兜下債，十年九月悔多情。

其六

綠陰偶目望陽臺，暮雨朝雲去不回。王鶚春愁無處著，劉晨心事向誰開？遊踪斷徑多黃葉，步少閒庭半綠苺。一段剛腸柔淚汏，西風吹作碧臺灰。

其七

雨打梨花半掩扉，相思盡日抱書痴。早憁病覺工夫少，閒院愁增漏鼓遲。離別人懷當暮影，淒涼天色又斜暉。義娘縱不仇輕薄，飄盡殘紅盍再歸。

其八

金爐香冷淚痕消，孤館風聲伴寂寥。人世愁來泉路近，神仙與去玉京遙。三生忽覺巫峯夢，七夕思聯織女橋。哀訴可憐孤燕在，樑間暮暮更朝朝

其九

睡餘風發遍棠梨，悶倚雲欄却懶題。上苑秋迴傷雁過，武陵春盡恤鶯啼。心焦不待醇杯熱，骨瘦難堪晚氣凄。種種幽愁催未竭，暮鐘聲斷又晨鷄。

其十

相親相愛莫相捐，曾已當年囑耳言。往事一場皆夢裡，渴懷箇月每雲邊。兩塵縱隔今生限，百憶須締再世緣。付與三清來鶴駕，燈前訴此斷腸篇。

每詩成，吟詠再三，歔欷泣下。未幾病發，何郎親爲送藥。恐生以思娘故，或致傷生，多方勸解，終莫能得，因誑之曰：「嗟呀！其誤久矣！」生曰：「何謂也？」何曰：「兄前誤詆偲說，迨後玉壺奇遇，兄始信而好尚之，遂使妖祟乘風，今來作怪，若不早圖，必有非常之患。且昨夜三鼓某於書牕讀倦，倚枕而臥，夢見一老大狐遶在兄側，吸取血髓，今兄果然臥病，此必妖狐所化，變幻惑人，欲以兄爲如意君也（五代唐時有狐精姊妹，常誘少年男子入叢穴中，肆其淫慾，以取精氣。適意者留之，呼爲如意君。一日，狐姊出遊，狐妹與如意淫，不意露出本相，事不稱旨，恐露人知，遂噬殺如意。出類聚。）。願兄自愛，勿惑花月之妖，而損平生之志。」生曰：「死生有命，夢寐無憑，我忝以聰明，君子豈肯無意而生。且家娘態度殊常，貞純出類，閨房之任，當世所希，自諧伉儷以來，神爽身輕，不啻翰生羽化，縱然妖怪，豈得今日猶在此乎？」何曰：「娘子縱是天仙，今去已多時，其恩絕矣。兄以李杜之才，豈無朱謝之配？續斷之常，何自苦乃爾。況先體遺下，惟兄一身，豈以衽席之私，而傷箕裘之業？」生曰：「某非不念，然情之所鍾，志之所適，自不能忘。萬一張公孤望，杜氏不回，某亦不忍他娶矣。」何言不入，拂衣而去。

生念及古詩「寧甘死相見，不忍生別離。」嘆曰：「傷哉此句，正予今日事也。」因取娘子舊時所遺香羅帶，懸于梁間欲自縊。忽見香風一陣，震岸而來，牕前墮下穿花一串。生急視之，已見一雙侍女擁娘至矣。生且悲且喜，抱而泣曰：「今日不來，當相尋於九泉耳。」娘曰：「妾本在此，豈使君至此耶！昔離別時，十步九回頭矣。但不去不足以感動君心，故勉一違，藉以為諫。君誠高義人也，聞道詞情之際，莫非鐵石之言，妾又何心，遽忍其逝！」生曰：「往者不可諫，來者猶可追，今後當從娘子矣。」娘曰：「昔有何言於白馬祠，宜早還願。」生始悟，備禮而往。遂為夫婦如初，爰作詩以相慰云：

一自雲階阻玉顏，回頭不忍對花看。每傷化劍終難合，豈意移珠又再還。宿恨輕隨今夜雨，新盟重指舊時山。寄言臺上司天客，莫把更籌換漏乾。

娘續慰云：

迢迢一夜雨悲歡，把舊新詞拭淚看。千古從來情誼重，一朝反作別離難。覆流自古收應罕，明鏡如今破復完。從此亦諧鸞鳳侶，任將好思續關關。

自是情愛愈篤，事思如義，無不順從。

居一年，始生子珍。時生以科舉為念，勤勞書案，不懈晝夜。娘子曰：「芳名雖重，塵俗可輕。大抵人生天地間，只是地水火風四大，假合而成，上不樹提，下無根著，光陰催過，生復死還，啻如水泡草露，倏忽便無。君不見萬古以來，江山有何常住，富貴有何常規？榮瘁升沉，千般萬狀，縱能身名蓋世，才氣過人，得志快心，高者不過七八十年，下者不過五六十載。雖功名罕逢之際，須臾而黃馘青雲，然歲月其逝之間，瞬息而紅顏白髮。雖在塵世百春秋之富貴，乃仙鄉一晝夜之清閑。世人不知色身是夢，把肉塊皮袋認作是我，較長量短，分雌別雄，不覺焦思勞神，總是失身之捷徑；懷樂耽寵，無非銷命之烘爐。眼前露閣雲臺，昔壯麗今還假物；境外銅山金穴，始盈餘終亦古丘。從前機巧，到此成空；向昔英雄，于今安在？且悲歡聚散，人事之常，君於青年，已曾身履之矣。偈云『人生如鳥同林宿，大限來時各自飛。』到此雖安車駟馬，安可用於短影匆忙之景界乎？倒不如削去七情，洗除六欲，朝遊三島，暮返九天。與風月於蓬山，洗塵埃於弱水，乾坤春不老，極樂何加；日月影增長，風光無限。願君熟慮，以脫塵籠。」生聞言，似有難色。娘止之曰：「凡人所以爲難者，仰事俯育，有繫戀爾。今君已無親眷之累，妾亦無富貴之求，奈何以一人哺啜，而縻身於苦惱之場乎？」生猛然省曰：「非娘子指迷入覺，幾乎一生墮了塵網。然仙可學乎？」娘曰：「以道求仙，僊亦甚易，要在人修持何如耳！況君名在仙籍，有妾變化，固不難也。」生問其術，因授以眞秘訣。生探求默會，遂能藏往知來，通玄入妙。降龍伏虎，難測神機，縮地騰雲，妙施法手。一日，奇雲綉霧，盤結庭中，雲間一雙白鶴，啣書而下。生與子珍及絳嬌各乘而去，不知所之。

後何郎自遠宦來訪，至則砧階苔掩，古樹鶯啼。問其鄰，皆曰：「閉門已一年矣。」意其得道，始與人言，無不嘖嘖稱奇。後有坊人泛舟西湖，夜遇之，因得其詳，與何郎言合。由是京城傳聞，人皆知者。自生既捐故宅之後，已經歲月，柳牆花徑，風物依然，人遊其中，則香氣滿室，夜間常常有天樂聲。人皆以爲神，輒祈輒應。一日，有大鳥自西南來，止于屋上。須臾，復望雲飛去，墮下一紙，有紅漆題云：

離合人家一大塊，靈芝已換俗肝骸。玉京風月常春色，貝闕煙花外望堆。得道同居花蓋峒，生身今作玉星魁。紛紛浮世無人識，旦日朝元鶴又來。

識者曰：「此陳先生得道成仙，今來歸也。」坊人益異之，因葺爲祠，歲時香火奉事。今安國寺是其遺跡也。永祐元年，有南州秀才以舉子夜來求夢，忽見吏引至一所，雲牕露閣，極其壯麗，四面都是水晶，簾內設雲母屏，鋪綵繡帳，香氣逼人，清光奪目。秀才整衣而入，中有一人，頂紅雲冠，衣黃爛袥，據屏中。坐旁有少年美女及童子、侍兒環立左右，或持金柄障扇，或執翠羽紋鞋，或捧瑤簪，或擎花蓋，儼明若帝王家者。俄聞殿上一聲賜坐，謂之曰：「卿知所以奉邀意乎？」秀才曰：「僕江湖賤士，塵慮易迷，今足履瑤宮，三生有幸，但不知此是何地，及尊貴所囑邀何意？」其人曰：「此卽天上紫清宮，去人間八十萬里，苟非夙緣，烏得至此？以卿高才厚義，欲以事寄傳於世耳。」因敍始終，謂秀才曰：「某是黎聖宗朝陳淵，字尤班。廣德縣碧溝坊人也。上帝以某先有陰德，憐其少歲孤貧，屈降仙姝，下與相配，兩情恩愛，相敬如賓，中間雖以使酒暫分，旋復歡聚，花房再燭，玉鏡重圓。居一年，始生子珍，遂受帝命同在仙宮，關掌箋奏。今者逍遙仙府，天上相隨，不復落滄桑景矣。豈意下界愚民，輕薄風漢，好爲詐誕，妄指我夫妻爲仙讐。又相傳由某酒性顚狂，屢犯娘子，構成寃債，故上帝論淵身後投胎在廣德縣安花坊爲阮小民之女，娘子身後投胎在壽昌縣金華坊爲陳尙書之男，倒爲夫婦，以相報復。這等造誣織謗，語出不經，遂使世人口碑浪說，至形諸簡牘。有曰：『可憐嗔火起，便把愛林燒。』有曰：『早知燹火灰緣冷，恨不移將醉籍燔。至今風雨湖中浪，猶爲仙讐起怒嗔。』如此之類，不可勝數。夫文章通于造化，士君子秉筆立言，苟欲爲世傳奇，豈無活言快語，何至謗及高冥，誚貽上界？求以惑世，適以欺身。且古事所無而今加爲有，得罪於古人甚矣。卿前程廣大，今將得志，人生樂事必居人前，他日亦當與某同遊。今幸遙臨，爲鳴一語，使爲世解迷，亡令白壁雲間，久受蠅聲之玷。」秀才聞言唯唯，因懇問前程。其人曰：「他日便知，冥機不露。」乃賜宴餞還。秀才拜辭而出，既覺，因以事叩諸寺僧。時有裴僧奉牒居安國寺，已歷三世，頗能道洪德年事，一皆暗合。遂記之。

碧溝

終畢

【校勘記】

❶ 原為喃字：「於低俛景俛柴，雖嗑道侼諸虧悉尋」，按「俛」於此不通，公餘捷記作「俵覓」，可解，今從公餘捷記，並翻為漢文。

❷ 原為喃字：「𨳒事塵緣窖嘿哄，雖嗑道侼諸虧歇；持鯨氽刻散念俗，魂蚑巴三更吝事茂。湴慘閉尋蒙薩泮，渰恩秆丈易溂漓；芇芇極樂羅兜些，極樂羅低侈㷳进。」按「氽刻」，公餘捷記作「殳啃」，義較佳，今從公餘捷記，翻為漢文。

❸ 「持經一聲」原為喃字「𢹣鯨氽刻」；「春風吹盡」原為喃字「𨖲椿迻偈」；「三更」原為喃字「巴三更」；「幻仙」原為喃字「㛪仙」，「河」原為喃字「滝」。

附(一) 松柏說話

東州人何某，心性聰明，精神峻爽。少時遊學里中。曁身既長成，情殷於學，且有青雲之志。他鄉王氏富有美姝，愛其才器，欣然而許嫁。年外二十，重番猶未顯達，私念曰：「皇天不負讀書人，實非僭貳，今某學術似可奪於先籌，而某之登科，止見推於後輩，滿朝朱紫是何人也。凡人間九藝，皆衣食之謀，進退之間，某其取舍矣。今有田園數畝，牛犢數角，苟移其勤學者而勤農，不失爲富家翁矣。故古稱富而後貴，我其甘心焉。」已而雲犂揚鞭，隴間摩犢，春作秋成之志，酷於春闈秋試之情。時而夏也，力耕耘而泥塗被體，雖日金而不憚其炎蒸，指爬沙而傴僂折腰，雖水沸而莫嫌其爍熱。久休之後，且吟一絕句云：

安得朱虛今再出，漢田何苦力深耕。

時而多也，曉霜未釋，忍飢扶犂，而栗烈之風，且見侵於衣褐。臨雪未消，築場納稼，而燎湯之火，不可勝於凍皴。宵爾之中，且興一佳韻云：

事閑將到躋公事，願獻豳風萬壽詩。

自是行之也力，以莫不增，纔數稔間，倉廩之儲，已有若幾千萬。某喜謂其妻曰：「我舊繼箕裘之業，承祖父之基，浪苑長安，不許神仙公子獨問洒地。頃遭城火，家計漸空，猶且席上琴書，閒中燈火，然聖人之道不速而或遲，儒者之功未益而已損。經中之田，書中之粟，所得者幾何？今而有此倉箱，有此牛犢，前頭家業，不失爲潤屋子孫，是乃勤於農，非勤於學之所致也。四民之二，我何歉於人乎！」其妻喟然曰：「家兄今日力農，此妾情之深慶也。然竊聞民有四，士爲之先，趣有四，耕居其一。今兄之半塗學業，捨之而農，非惟蒙羞於墨客文房，抑亦取笑於村翁野嫗矣。」何曰：「人生天地間，惟勤而已。苟不勤於此則勤於彼，亦可免於虛生。四民士居一，農亦次之，爾無復言，我是還他笑罵矣。」

明日復驅攻犢之師，馳破隴之卒，曾不悼於閑閈之間。已而土功告畢，田旅言還。時榴火方濃，率衆擁牛鞭於松柏間少憩。纔半餉，見一書生姓阮者，袖聖經數卷，亦於松下乘涼焉。于時談論歌唱，阮獨吟諷於閒天幹下者，以何爲田野塵俗人，鄙爲不知焉。阮乃戲出一對句云：

百尺長松，堪作國家舟楫器。

何卽應曰：

千尋勁柏，便為廊廟棟樑才。

阮始駭然曰：「子果田舍翁耶？何乃應口成章，偉然器象，令人破碎鐵石心腸。」何曰：「的是田牧也。然倉卒之間，亦有所得，幸貴兄勿訝。」阮再試一句云：

松膏之下，草木資生。

何卽應曰：

柏府之中，棟樑任重。

阮曰：「何必剩棟樑也？」卽出一桃勾云：

池硯耕筆，吾為席上珍儒。

何卽應曰：

田紙鋤經，我是塵中宰相。

阮於是誠服稱曰：「子果非農夫手段。頃問應答，我有不能，非惟破我心肝，蓋亦偉然器度。有才如此，何不與我斷金，奮心攻木，以爲萬世香骸流者？今乃隴頭晦迹，雲壑埋光，爲小人之所爲乎？」何曰：「士各有志。夫人生在世，苟有立家之計，亦無不可，家苟不足，則他時之學古入官，還爲蠹國而已。豈如我勤家爲業，務本爲先，紅腐貫朽之儲，千箱萬倉之積？旣富於人矣，則僥倖而入粟者，卽以授元光之好爵；求進而出錢者，不失爲崔烈之司徒。富貴之間，我兩兼之矣，又何必登六藝之場，然後爲顯官哉！」阮曰：「公之此言，何與志之相反也？夫宰相之器，棟樑之才，以爲農夫耶，抑儒者耶？前之所對，立志有如此之應說；後之所言，立志乃如是之卑陋。元光好爵，崔烈司徒，豈棟樑之才，宰相之器耶？」何曰：「僥倖而好爵者，還是雜流等職；求進而司徒者，豈爲清要者班？某之所言，還是謙謙之志耳。若岩廟棟樑，塵埃宰相，何必皆儒者，而後可乎？夫伊尹莘野，手不持黃卷者，一出而左相，興商家於始造之年；諸葛南陽，足不履藝場者，一起而平章，扶漢統於將顚之會。畎畝者人乎？何歉於樑棟之才？」阮曰：「不然。夫伊尹莘野，非耕夫也。樂堯舜之道，而三謨二典，欣慕有餘；諸葛南陽，亦非農夫也。吟梁父之詩，而三略六韜，講修有素。二公雖不由科目之選，而興商扶漢，都從學問中來。不然則堯舜君民之事業，何所推來？風雲天地之神謀，從何講究？兄不可以田野迹而求疵於等人也。今兄非儒之說，旣爲失言，自期之辭，又爲過當。夫伊尹之躬耕，乃是避獨夫之濁，諸葛之避世，乃且期漢賊之淸。兄之村里力田，果有避濁之謀乎？抑又誓淸之志乎？揣諸己者不然，而冒之以自張，何其論之太高耶？」何曰：「取法於上，僅得其中；取法於中，所成斯下。」阮曰：「兄旣取法於上，而所力者農，還爲富家之謀，其何以得其中乎？」何曰：「富者人情之所欲，今之士者往往貸農之錢以爲用，千農之財以爲資，論其貴，士先於農，論其富，農先於士，富貴之間，不可以優劣論也。」阮曰：「吁！兄既以此自期，志斯下矣。然兄既謂不可以優劣，願爲分優劣可乎？曰：人之所以爲人，各有自營之計，離婁之繩，公輸之墨，而溺人之計者工也。還是滛奇陶朱之產，呂氏之金，而網人之財者商也。徒爲末技，四民之中，二者吾不足道也。論其爲之先者，惟士與農焉。夫農所以養士，士所以立農。士無農固不可，農無士最不可也。卽其優劣分之：言其正塗也，進退應對，揖遜周旋，士之於童稚之年，禮耕而義種矣。農則占人其田，侵人其畔，而相爭之訟，群然於東都太守之庭。大人小人，孰爲優乎？春誦夏弦，秋詩多禮，士之於春陽之日，田紙而舌耕矣。農則晝爾于茅，宵爾索綯，而不忍之飢，淆亂於南鋕未來之始。勞心勞力，孰爲優乎？伐木之交，閒中道理，斷金之誼，醉裡琴書。士於斯時兮，貧而樂矣。而自畜之財，衆皆反目：不仁之富，人各離心。或低頭而服從者，無非俗狀塵容之爲黨。清濁之論，士爲之先，斟酌損益，一本於公，舉措施爲，各當其理，士於斯時兮，窮而固矣。而百區之地，欲以相連；萬頃之田，謀其歸已。或出錢而假貸者，皆是商功確便之爲謀。廉貪之言，士爲之首，三年大比，賓興賢能，士咸勵魚躍鳶飛之志，則脫穎而壘兜陣者。經有經之體，六有六之體，賦有賦之體，文有文之體，吐錦綉於風蟾寸晷之間，經史以爲良田矣。農則由伊耕而濫此選者，竊吹夫士子之文章，而碔玉得以眩售，學與不學，何爲優乎？一榜題名，同登科第，士皆樂翰生羽化之秋，則計偕而漸鴻翼者。縣有縣之財，州有州之財，府有府之財，處有處之財，堆金玉於墨綬銅章之日，廉祿可以代耕矣。農則由這事而諂其門者，奔走於文臣之分折，而錢米爲之彫耗。文與無文，何爲劣乎？論其曲藝也，得其緒餘者，或高醫國之才猷，則醫林馮氏活幻嵩崖，精熟乎諸家之萬卷，而活人知脈，辨君臣佐使於掌中。農也或有事而求獨活者，不知幾於招來之費。或妙振家之手段，則統一雪心，天機洪武，研磨乎八卦之五行，而看水尋山，括南北東西於盤上；農也或有欲而祈發福者，且難勝於要索之財。優劣之分，不待辨而自明矣。得其糟粕者，或削髮僧尼，而慧日慈雲，眩其衆於虛無之域；甚工者市間賣卜，而吉凶禍福，瞭將來於六擲之錢。農也且往往以資其事。或藏形道士，而騰雲駕雨，靜其民於安鎮之符；最巧者路際相人，而壽夭富貧，妙先覺於五行之辨。農也且屢屢以受其欺，優劣之分，不待攻而自破矣。嗚呼！論其正途也，農固不足以望於青史；論其曲藝也，農且不足以比其糟粕。故樊遲學稼，吾夫子先排；許行言農，孟大賢深斥。而易之官治民察，不於益之耒耜，而必於夬之文書者，以士爲農之師也。夫士既爲農之師，則優劣之間，千十而百一也。」何曰：「當孤寒之日，遊呫嗶之場，供其筆紙者，往往到富家之門。故捨其學而勤農，從此致富，自可以爲人矣。今兄士農之論，誠可謂春破寒荄，日明幽谷，某聞此已開其塞而明其暗矣。他日破天荒之會，于兄有力焉！」阮曰：「松柏士農之論，既足以啓公心，可不靡毫作松柏佳韻，以爲永想之事耶！」即作松詩一首云：

聳壑淩霄百尺長，四時黛色快蒼蒼；雲垂偃蓋龍烟露，玉帖盤龍傲雪霜。月下肯容題葉客，影前媒引採花郎；他時稽占春梅發，便作皇天大棟樑。

何曰：「東閣觀梅，甚得其妙，但舉其松，不舉其柏，東皇豈有他意耶！」因依前韻，作柏詩一首云：

霖霖青色四時長，千尺長松對彼蒼。春育久霑思雨露，冬寒不改操冰霜。影前面粹蟾宮客，雪裡真明御史郎。伐木自從交柏友，一為廟棟一堂樑。

阮曰：「我舉松而不及柏，未免隘狹之意，公舉柏而兼松，誠有雙鶴鳴泉，兩鴻奮翼之雅量，於我有少羞焉。」何曰：「詩者志也，我等苟有其志，則有如此足矣，何愧之有？」

時榴火漸退，松影斜穿，仰而觀，日已晡矣，即揮田卒顧家傳餐，使設爲會友之所。衆已到家，主❶妻曰：「勞我農人，今日何獨晏耶？」衆以實告，妻卽欣然，使蒼頭往松柏間，迎書生來會。比到家，則盤饌之供，酒釀之具，凡其寫肌之味者，頃刻間各盛陳焉。已而樽罍告罄，盤席將撤，其妻捧芙菑一匣，來謝生曰：「妾今忝以幼資，生於富族，赤錢紅粟，無不流溢而盈餘，誠所謂紅樓之女，所乏非財，只望文學者流，益其錦花耳。家兄以學術之藝，文章之才，燈火工夫，幾許年曾不輸他一着。故以賤妾慇懃繾綣，而屬意于東床者，望其喬樹遙影耳。由勤之富，豈人情之所願哉！奈家兄爲便所蔽，以玉戞金敲之手段，起而爲鋤雲掬月之塵人，是妾以幾餘畝之閒田，而壞了夫家兄數許多焚膏之志趣，妾誠分其謫有餘矣。今聞貴兄士農之論，啓心沃心，實粹面而盎背，他日我家脫白屋而黃臺，實權輿於松柏說話，妾安得不逞色而多謝！」卽命家童掛松燈，鋪竹席，下董子之帷，布溫公之枕，使曲肱談道焉。是夕也，考古志殷，論道心醉，不覺紅日東窗矣。書生將撤席，其妻乃以金數兩餞送，爲潤筆之資。何亦作詩一首以送之云：

腰三千卷一知音，脫截多年白屋心。松蓋談時痕墨美，蓬門醉裡漆膠深。塵埃洗盡閒中酒，道味長添席上琴。此去龍頭何以答？折梅聊贈一佳吟。

阮曰：「韓王海物，此足以表良人之情，今有付來一佳句，以爲文房四寶之用，亦足矣。」乃自相移玉趾焉。生既歸，其妻謂何曰：「志者心之所止也，兄有其志，妾欣然萬幸，營家之計，妾有餘力矣。但願努力尋珠，加工琢玉，勿以鄉閭介意，產業關懷也。」何曰：「我本以文學人，所以至爲鄙夫者，爲其所蔽也。今既開悟，便覺乖違。爾既有辭，我可於明旦來負笈矣。」翌日，其妻卽出錢百貫，爲行裝之資。凡其夏葛冬裘，長帷短枕，無不備具。何乃開場餞別，拂袖而之焉。聞長安先生聚徒數百，入而受業。初至之日，師弟亦以群然視之，師之堂前視臺有大花一本，池中有蓮花數根，先生卽出一句云：

池中湧出蓮君子，

諸生未及應對，何卽應曰：

臺上巍然大將軍。

師曰：「此是吾之朋友，不當在弟子列。」因問前頭家址，何卽以農夫實對。師乃以伊莘野詩探試囂字韻。何卽揮毫，頃間而就。其詩云：

海澤箕山迹已寥，莘郊今且樂囂囂。塵中好作群犂伴，原上聊憑一短穮。耕隴借為今后稷，見田欣慕古唐堯。自從耒釋歸齊聖，南畔簸揚嫉秀苗。

詩成進呈，師目之良久曰：「諸生且休矣！」卽援筆批云：「白雪陽春，清風明月，的爲官樣文章。」謂何曰：「名卿何處得來？他日龍門奪錦袍，意必是子。」乃命小童洒一小齋，爲何某棲身之所，給以燈膏紙筆焉。自是博覽聖賢，涉獵經史；凡其應對文章，如鬼吟神助，步進一步，堪爲吾道旌旗，斯文領袖矣。終一周星，有思家之意，辭與先生曰：「何某程門立雪，將及周歲，家室平安二字，未審如何？但願歸來，夾宸十月復來矣。」其師許之，卽促馬蹄而歸焉。時方日中，至則關門閉矣。妻聞其歸，乃作詩一句，命蒼頭捧之來呈。詩云：

如今妾面羞君面，倘欲來時待夜來。

某見詩復回鞭往焉。於是學時時習，德日日新，升堂入室間，人各以名儒稱許。終數稔，已見九重有秋闈之詔。何乃辭謝先生曰：「饘堂受業，歷已幾多，絲繭牛毛，多賴先生函丈之力。今則科名日邇，此士子紅塵黃閣之機，但願歸來，庶得青錢萬選。」先生曰：「子之明敏精聰，文學才猷，自有過人器宇。然敏者多不好學，比回之日，勿以才能自恃，而寬呫嗶之工夫；亦勿以聲色自娛，而沮執經之事業，如此則黃臺朱閣，於子特優爲也。」比到家，不問前須家計，研精以待。機宸詔旨，即春秋兩試，文章花贍，皆中有司程度，庭試又中第三甲名。此時也，長安策看花之馬，故鄉回拜祖之兵；駿馳駟驛三千，怡蕩韶光九十。親朋萃集，都里森然；野老田夫，爭奔走而齊拜揖者，非一二數。

前日松柏姓阮者亦于然來賀焉。何乃促小童呵止曰：「官民禮隔，不可怚慢。」即命侍衞招生于一小樓之外，使之住足，且曰：「官人睡着，我等不敢搪突。生旣遠來，姑少憇來時以名聞焉。」繼使小童，捧一小盤，個中諸味蒸非薄來進。生憤然謂小童曰：「故人尋故人，不意故人薄故人如是，諺言『貴易交』，今果然矣。」乃捨而歸焉。何卽使一小娘，將銀子五十鎰，路上遮生於逆旅間，佯爲不覺，且曰：「我愛儒生，何所戾止，獨有含幽之狀耶？」生卽以何氏薄事告。小娘乃婉詞諫曰：「貴賤殊途，高下異狀，人之常情，豈知誘掖切偲，皆師友之力所以然也。然竊聞『滿朝朱紫貴，盡是讀書人』，但患乎生無其志耳！苟有其志，則呂公晚進，可先奪於韓王；人之負我，我何足責哉！妾今爲繼母所惡，以致隻影零丁，回顧間無所倚恃矣。兄倘强力加餐，及時進業，則文房之費，厨灶之司，妾請當其任矣。」生曰：「果如此，亦邂逅一良緣也。」乃自相偕往學軒焉。生旣得其所養，內則有廣川下帷之憤，外則無范丹塵甑之思，勉强之功，日益進于高明之域。生每與嘲謔，則拒之甚確，且曰：「洞房花燭，必須金榜掛名。倘耽聲色之娛，必沮琴書之志。」勉生遊心聖道，使無扞格於其間，「他日坦步青雲，妾請當主饋之選矣。」自是不遑他顧，奮身於翰墨之場，文章學術之才，不忝於何官人矣。已而秋闈應試，則射策紅筆榜上，魁五百之仙。尋復歸來，便治裝春試。暮謂娘曰：「金榜掛名，我旣克其選矣；主饋之言，今夕豈非良宵耶？」娘曰：「妾所願者，金榜掛名，不忝爲何官人事業，則巾櫛之奉，地久而天長矣。豈以小成爲自恃，而遽遑妻孥之樂哉？」生曰：「姑試可耳。」乃往京應試焉。已而丹墀三千牘，雲場第一名。臚傳至家時，娘卽整衣服還何官家焉。生歸鄉日，問娘安在？則家人不知其所之，乃愀然墜淚曰：「窗前勤苦，衣食工夫，可以誓海而盟山矣。今則衣錦還鄉，故鄉迎主，而鷄鳴賢女，不貪分外之繁花，憐香惜玉之情，甚可掬也。」乃撤其酒觴，而減其珍膳焉。是日，何官人使家童奉招來會。阮卽移步於何，至則不言他事，卽以小娘事告之。言未已，見小娘從家中捧芙蕾來謝。何曰：「此非官人昔時資養之女耶？」阮始駭然失色曰：「不意貴兄，我爲其所包容久矣！」何曰：「夫千仭必由一簣，千里必由一蹴。我昔捨農就學，卒以至於成名者，由於貴兄松柏之論。故歸鄉之日，貴兄千里遠來，求其松膏之下，草木孳生，如前日之對句耳。某知其情，故以矗觧而挫沮之，使之橫心困慮，而加左圖右籍之功；以此小娘而保養之，使之飽食煖衣，而免一曝十寒之苦。如此，則學海儒林，得以馳鶩，而爭標奪甲，始可與某而同升諸公矣。」阮曰：「君子眞明，今日始知我公在耶。」阮既歸，導家人以公意，衆始驚服。兩家自是俱爲顯官，親愛之情，殆同生之兄弟焉。

松柏

終畢

【校勘記】

❶「主」字旁批「何」字，乃補充說明也。

附（二）龍虎鬥奇記

海之東至靈鳳凰山，其地則龍引千巒；虎纏萬脈，眞第一佳風水也。中有一洞號右麟，乃人跡之絕到者。道士號元龜，自謂胡時人，避明馬騏之難，竄居于此。卽導引辟穀，日飲數盃，頤養年壽，不知幾記。兼得奇術能術，服神怪魍魅之物，不能爲患；禽獸之毒，無所得施。一日，呼僕命驢從洞中出，逍遙于山間。忽見一黃龍蟠舞于山巔，鼓鬐戲珠，怡然自得。又見一白虎跳躍于山麓，掀牙奮爪，旁若無人。那時龍已知其爲虎，然素鄙其才，不欲與之相見，佯爲不聞。虎初不知其爲龍，疑是凡物，遂挺身直上，瞋眼熟視。道士怪之，因踞于山盤間，微觀其意。頃之，虎雷吼一聲，作人言曰：「我乃毛蟲之長，百獸之君，南山之南，北山之北，自是吾門戶事，子是何物，敢爾寧馨搪突？以子之蛇體魚鱗，將必辨吾之一餐矣！」龍傾角聽了，吐珠一笑，亦作人言曰：「我乃鱗蟲之長，四靈之魁，或躍在淵，或見在田，皆是我分內事，子是何族王目，恁地宜驕？以子之毛斑肉臊，未必克吾之一飽也。」虎聞其言，方悟其爲龍，自度智不相下，欲示其能，顧謂龍曰：「願與君挑戰，決雌雄何如？」龍曰：「吾寧鬬智不鬬力。」虎曰：「請與君較勝負長短，可乎？」龍曰：「可！」虎曰：「一嘯於谷，颯然生巽二之風，子孰與我？」龍曰：「一吟於澤，油然飛碧漢之雲，子孰與我？」虎曰：「包之以皮，啓蒼姬太平之運，十亂之功，我不多讓。若一遇天啓建寅之統，而低尾以長逝者，是可忍，孰不可忍！」龍曰：「遊見於沼，應陶唐至治之徵，十瑞之符，我居其二。若偶逢德羅星辰之聖，而緘口不妄吠者，公所爲，吾不忍爲！」虎曰：「凛在山之勢，而杜氈裘窺伺之心者誰歟？彼劉累見醢，享上馨殺，子烏得與我同年語！」龍曰：「成五采之文，而斃楚猴喑啞之勇者誰歟！彼馮婦下車，負隅失險，子胡得與我同日言！」虎曰：「京師一臥，懾東雒之權豪，雖蒼鷹之暴，不敢肆其擊搏者，吾之力也。而遊江助竊漢之謀，入井兆纂曹之釁，子何不忠之甚耶？」龍曰：「隆中一伏，拓西蜀之基圖，雖鳳雛之賢，不能外其籠絡者，吾之智也。而戰股於昆陽之威，濡尾於弘農之政，子何不武之甚乎！」虎曰：「周昌以聖德受天命，以我之眉也，而龍漦帝后，遽衰四百之基，雖天命之使然也，亦人謀之不臧也。」龍曰：「唐郎以神武平海內，以我之姿也。而虎視江東，難混三分之勢，將其時之非耶，抑其人之非耶？」虎曰：「如虎如熊，不形於誓書，吾恐龔行天罰之威，未必能獨成變伐於崇朝也。」龍曰：「爲龍爲光，不播於詩歌，吾恐白虎形鹽之宴，未必獨能示慈惠於諸侯也。」虎曰：「大人虎變，著於坤卦，以湯武然後能之，子其能然乎？」龍曰：「飛龍在天，繫於乾爻，惟堯舜足以當之，子何可當也？」虎曰：「城濮之勝，春秋榮之，以蒙我之皮；一鼓作三軍之銳氣，苟有利於社稷，吾無愛於髮膚。」龍曰：「朱弁之文，讀者凜然，以攀我之髯；一句垂萬古之芳名，是則係於名教，吾何惜於一毛！」虎曰：「虎虓奏北夷之捷，勳紀葩經；虎臣解白馬之圍，譽騰青史，皆吾之類也。他如黨邪害正，而以鄉應龍名者，得不爲龍榜之玷乎？」龍曰：「黑龍呈藝聖之祥，金戈建業；白龍入汝愚之夢，授鼎馳名，皆吾之徒也。他如叛華助夷，而以范文虎名者，得不貽虎闞之羞乎？」虎曰：「獻來洛邑，脫西伯於拘囚，一白之功不少。」龍曰：「擁向娘灣，出丁皇於泥淖，二黃之績居多。」虎曰：「周宣興魚躍之基，以我平淮夷也；而佐劉淵以魚肉中夏者，石季龍之腥臊，決東海之波，流惡難盡。」龍曰：「姚虞享鳳儀之治，以我堲讒說也，而助桀虐以獄犴周侯者，崇侯虎之鷙害，罄南山之竹，書罪無窮。」虎曰：「乳穀氏之兒，以成荆楚之名卿，是伯佐有待而後起。此在左傳所書，君何不察？」龍曰：「據薄姬之腹，而誕後元之聖主，是王者不得則不興，若非史氏所載，孰知其詳？」虎曰：「入虎穴，得虎子，猿臂將假我以平戎，則樹奇勳於萬里之外者，我之功顧可量歟？」龍曰：「爲龍師而龍名蛇身，帝因吾而記事，則開道統於百聖之先者，吾之功。顧不詎乎？」虎曰：「七步成章，繡虎之鴻名識否？」龍曰：「萬言雄辨，雕龍之駿譽知不？」虎曰：「銅虎館符，恩孚閫境，雁澤民奚，我以來蘇。」龍曰：「金龍注水，信如四時，蟻聚衆賴吾而不忒。」虎曰：「五虎用而蜀鼎延，不爲無補。若八龍擅美，不能救東漢之衰，則雖多亦奚爲哉？」龍曰：「五龍駕而唐衢驟，夫豈無功？若兩虎爭殺，不能逃卞莊之術，則以二猶不足也。」虎曰：「田里老鶴，山咎召畫龍之論，無乃名徒降虛？」龍曰：「珠犀疑馬援種投畫虎之書，得非智有所困？」虎曰：「與蚯蚓同，子之勢有時而失，何異於井蛙妄大，公孫見誚於伏波？」龍曰：「猶犬羊鞟，子之質未備其文，何怪乎驅馬難追，成子取譏於端木。」虎曰：「頷下逆鱗，批者必死，則容人之量未優。鶴鳴之忠告，子何得聞？」龍曰：「巷伯讒人，投而不受，則黨惡之罪彌彰。獬豸之觸邪，子獨有收？」虎曰：「魚服疎防，誰氏子罹羅於漁父？」龍曰：「豕圈妄攫，何人斯受尾於村翁？」虎曰：「仁者必壽，吾聞其語，胡褫魄於博浪之椎？」龍曰：「勇者不懼，古有是言，胡低頭於酈生之呪？」虎曰：「鱗裡毒蟲，子其危矣！而井傍之換形求救，向非孫眞人，當索子於枯魚之肆。」龍曰：「喉中骨鯁，公亦殆哉！而道左之開口乞憐，向非郭道士，會見公爲溺器之資。」二者往復對言，援引證據，索瘢洗垢，吹毛求疵，或護己之長，或談人之短，無慮數千言。道士略記其詞，因即其所聞，來叩於予，且懇吾第其高下。余曰：「異哉子之迂也。夫鸚鵡能言，不離飛禽，猩猩能言，不離走獸，安有眞個龍虎馳聘，辨解如博學之士也耶！余夫子之徒，素不語怪，子且休矣。」道士曰：「吾居深山之中，與木石居，與鹿豕遊，蟬蛻功名，鴻毛富貴，煙霞痼疾，林壑膏肓，無求人知，鮮與物接，足不城市，凡幾餘霜。今聞博洽君子之名，樂皮裡春秋之學，不辭狼跋，遠詣鱣堂，幸不鄙夷，更蒙欵待，方將景仰蓍龜，庶消鄙吝，敢出狙詐獪語，以取面欺之咎乎。且鄙人不慧，粗亦有聞，鶴之言詩，鷄之談玄，東郭之狼，濮陽之猿，亹亹皆前日事，信以傳信，虛以傳虛，此鱗經所以有傳疑之法，不應遽削之也。玆指爲迂闊，而靈鳳惜羽，山豹養文，則季布一諾之望狐矣。」予聞其言頗有理，因謂之曰：「某始以子之所道，皆無稽之言，不經之見，若又從而爲之詞，恐天下從風而靡，爭爲口辨而無其實，有妨儒術雅道，故直戒畫蛇添足之弊也。今責以金玉其音，吾何惜齒牙餘論。居！吾語子，大凡天地之生物，不外乎陰陽二柔，得陽精者爲龍，得陰精者爲虎，均是物中之奇。是以表吾儒及第之榮，則龍虎以之名榜；養張家長生之術，則龍虎以之名山。龍蟠虎踞，風水美談；虎步龍行，相著貴格。以耳目之所暗記，似難以牛驥也。雖然，聞諸伯溫先生曰：『天有至粹，地有至精，介類得之則爲龍；天有至戾，地有至幽，走類得之則爲虎。』是以龍之爲物，與人類之明哲，飛類之鸞鳳，走類之麒麟，草類之芝蘭，木類之松柏，石類之金玉，均是得其氣之粹焉。虎之爲物，與人類之妖孽，飛類之梟鴟，介類之虺蜴，草類之至毒，木類之不材，石類之礓礫，均是得其氣之不粹焉。此其所稟之氣，源頭已清濁了，則其生也，源分派別，寧無善惡之異乎。觀夫龍之爲物，幽明大小無所不能，變化飛騰莫可量測，有中正之德，有普施之仁，眞是至好底物；世常配之以天子之象，贊之以聖人之德，無他，喜其名之祥也。虎則勇而無禮，暴而不仁，智屈於狐之借威，怒逞於馿之窮技，有時而掉尾於陷阱，有時而垂淚於網羅，乃是不好底物；世常比之以苛政之猛，修之以酷吏之汚，無他，惡其名之醜也。虎寧得與龍齊乎？王僧處戒子書曰：『優者爲龍，劣者爲虎，正爲是耳！子歸而求之有餘師。』道士曰：『先生右龍而左虎，既得聞命矣，如此則高士尚及者，必於龍而不於虎歟？』余曰：『然！』」❶。

【校勘記】

❶自「有普施之仁」下至此，原書缺頁，今據河內漢喃學院藏抄本（編號 VHV 1487）補足。又此段後另附「段氏實錄——紅霞夫人家譜」，乃非原書所有，以有關作者史料，故移附於此，供作研讀參考。

附（三）段氏實錄

紅霞夫人家譜

夫人姓段，諱點，故黎京北解元段允倫之妹，祗受典簿陽判先生允儀之女，進士侍郎阮翹之繼室。女姊號氏琼。夫人出嫁無出，至今子孫猶有興盛。父允儀公，碑文表墓具詳。

蓋聞水有其源，人本乎祖。我段氏千百年以前，世遠跡陳，初無考證，但據家譜內所遺留，僅有徽號遺聞者，姑且記之，以爲世系之所自出。曰九代祖福林，生福心。福心生愼義。愼義生福盛，壽元僅考，事跡失傳。

惟自福盛生公稔，仕至特進金紫榮祿大夫、太常寺少卿、蘆豪男，諡「明達」，娶慈貴夫人，生公位（又生一女氏某。）。始公微時，嘗從一官顯，三載追隨，人皆便捷，公獨坦如。雖伊官不指其名，不委以事，而侍候克勤，未嘗少懈。一日，伊家遭回祿，其家屬爭走金帛者有矣，努力赴火者有矣，公獨負因伊官老母，別尋清涼處安置。向明火熄，公負他母以回，而伊官亦不叩來歷。四五月，忽伊官喚公來，委以公務，凡十二跡，公亦奉旨孜孜盡力，凡事一一穩當。然公務所係，俸祿寓焉。不幾年，家中餘裕，身亦榮顯。但公天性謙抑周愼，驕之一字不敢加于身。如回貫有社會例，公赴席，軍侯持帽籠以隨，鄉人笑以爲言，且議公爲矜飭。公耻，來日宰猪謝鄉人。是後，凡歸會例，一一依未達時模樣，其雅量類如此。後公以無病終。未幾，屬托時各衙門同守跡，以公暴逝，凡官物所欠，皆歸附于公。賴公夫人厚賂于查，併官得免。時衆子尚幼，夫人回家撫養，營互（亙）產業。

及夫人卒，公位承嗣，娶本邑阮氏，生允儀。再娶妾，生公仲。公仲生公做、公倪、公借，皆流落他鄉。其妻長女娶（嫁）遼舍人。又再娶妾生三女，二女別娶（嫁）他鄉，季子娶（嫁）本邑人。

這公位爲人清潔謙遜，與人未嘗爭競，雖三尺之童，亦不斥其名；於斷養之人，視之如群昆弟。然童稚失怙，既而〔乏〕師友之資，藉父鎡基，但習風流之態，惟事鬬鷄獵犬，此外別無關心；閒逸自如，卒以風流終，享齡八十九歲。

允儀承嗣。這允儀（爲段氏文學之始祖也。）生得眉目清奇，豐姿溫雅，年少志于學。其母阮氏，深念家世，面牆不識一丁字，今公有志，夫豈無由，即盡賣父母所許私田，以供子學館廩（阮氏其人，閒女學之始祖歟。）。及見人有奇書，雖重貸，亦必索買。公於是始發憤攻書，潛心大業，博覽經史，馳騖（騖）古今，於書無所不讀，卒以文章顯。時海陽二司官私念此處地遠海瀕，寡聞疏學（由安富一總，前屬海陽。），是科苛于遴選，只取稍通二十名，公以優分居第一。及鄉試，二十名並皆一舉。後十九名相繼中進士，公獨以中場，祇受典簿。可見學業雖過人，而名分必關乎風土。這個不須浪說。

單說公秉性嚴厲刻意，閨門少配阮家女子（這女後生女子曰氏瓊，男子曰允仕。）。惟這婦少從賤品，鄙陋孱資，巾櫛藻蘋，未稱內望。時公適長安游學，經過河口坊。坊之左有南昌武甸武公泰嶺伯之女，豐姿艷麗，態度閒寬，針線女工，尤爲精妙。往來間，公每重其賢淑的女子。

但途間潦草，誰爲作冰姑架情頭，直待東風幹當？未幾公歸寧，公慈親談及家事。公以事告，公慈親喜，卽伻遣蹇修姑試以言，隨機作伐。誰料泰嶺夫人雖本武家，含有雅愛儒道，居常竊覘，見公之士子門人，追隨甚衆。及聞公之名，愛公之行，思欲以女嫁焉。只爲閨中一段疑似之間，未果十分意向（公已娶阮氏，故疑。）。逮見冰來，始終辦（辨）白。泰嶺夫人喜，卽擇日受辭，定期納采。女自歸公家後，以孝事姑，以義睦族，唱隨以禮，不特夫婦相敬如賓，雖動有妊娠，亦效古人敎法。不數年，生下一男曰允倫公，一女曰紅霞夫人，皆風流俊雅，穎異非常。這的閨門，公始無心仕進。時江東士子，久慕公名，卽設鱣堂西席，坐公東向師事。公於是往從衆願，挈室隱居於荊門、南策間，群而來者，其徒蓋三百人。後公以五十二歲終於敎所，門生追諡曰「溫恕」，號荊門先生，立石碑以記其事。

時夫人與諸子携柩歸葬于故里，仍同諸子率循舊卞，克紹前人，以爲一家規範。這武氏性禀聰明，素好潔白，居處效共姒，行止師孔孟，子孫或有過失，未嘗厲聲作色，但不與之言，而人皆竦栗（一作慄）。雖未嘗爲學，止聞二子誦讀，如禹貢一篇，雖晚年暗誦，全篇不舛一字。又性好觀書，年八九旬，手不釋卷，凡外書如百家諸子，三國、水滸，無不記讀。每至孝義異行，可爲世法，輒架卷呼家人子弟，再三講論。其天姿超異，如此不群。故子曰允倫。公生得精聰特達，才學驚人，三歲知學，五歲善屬文，至十歲則經史諸家，無不徧讀，而於行義尤爲至謹。先是允儀公臨終，仍托公以家事，公以兄仕母先娶，卽讓允仕，以順家道。後公娶唐豪遼舍黎進士之季女。是女初問名，未有痘瘡，及痘症完期，形貌醜惡，人皆不堪視者。女之叔父進士黎有謀，黎有喬（戊戌科會元）來道：「吾兄之子，何等卓犖，而吾之親姪，這樣醜陋，不敢當巾櫛之奉。」公慈親將此語以告公，公曰：「君子造端乎夫婦，始終美惡，係是前因，固不可拘其形骸爲緣，債字向背。矧玆既許，係是良緣，雖折聾喑啞癡，亦所不計。」已而及時行樂，宜室宜家，見者無不酸鼻，而公獨愛敬，終身不復買婢媵。而夫人德行周備，足稱閨門從德，後不一二年，止生下一女曰令姜，一男曰允伊（卽余岳父），未長成，而公捐館。嗟夫！學由聰明發，行固資稟生，如公之才者有矣，未有如公之行者。這般才行，如何忍嗇其壽耶！

特公胞妹（原本作弟子）紅霞夫人，年長而未嫁，仍代理家事，養母撫孤，盡心所事。這夫人諱點，小字紅霞（允儀之女，允倫之妹，允伊之親姑。），生得嬌容媚色，舉止端莊，口出有章，動循禮度，而其道藝孝友，尤著見聞。年十六，黎尚書英俊，以夫人門生女，欲召爲養女，以進御嬪。初詣時，公試以「一日不見如三秋」題，用國音，以觀夫人才學。夫人吟云：「還將鶴琴嘎幾聲，翻對梧葉猶勝語。❶」（後夫人與阮公翹琴瑟三年，至秩亡，人皆以爲讖。）公賞嘆移時，愛若己子。然夫人每雅愛文翰，無心寶幃，再三辭歸，日與父兄樂道，秤衡星斗，推衍陰陽，閒暇之時，葩章艷句，凡數十百章（今其遺藳惟有仙田尚書阮儼公家藏所好。），而於應對唱和，不可以一二數。如家兄（允倫公）入，見夫人對鏡，因戲出對聯云：「照鏡畫眉，一點翻成兩點（以夫人諱點故也）。時家兄臨江戲水，夫人卽對曰：「臨江玩月，隻輪轉作重輪（以公字允倫故應對也）。」一如此之類，皆有筆記，不可盡述。又如感仙人之陟降，則「雲葛神女」，大段精神；談宮女之貞良，則「海口靈祠」，一章艷麗。「安邑烈女」，語意忠誠；「梅幻」、「燕鸚」，言詞慷慨（雲葛、海口、安邑三傳，將刻板不及而兵燹，然皆已見安（傳）于世。世惟「燕鸚對話」、「梅幻」二傳，多誤失其原，故人多不見也。）。所謂競雄辭於蘇女，繼絕筆於班姬，」古云：「女中學士」，蓋不盡夫人之妙也。矧夫人以翰苑女儒，兼盡工容言行，所製之衣，雖百繮之錦，不用規矩；所染之色，雖五彩之文，皆有體制。爲家兄接客，則醃鹼蔬菜，競勝珍饈；盡孝道事親，則定省清溫，皆有禮法。有驚人之學，有兼人之敏，有絕人之巧（夫人嘗爲製胗羅方囊二，於囊底一口繡三友，一口繡八卦，極巧容。或以苦練木五間家，求換其人，終不許。又一口用黑胗羅爲地，用草北字、唐律二句；鑒去北黑胗羅，用白胗羅入縫，其後宛如粉字，寫入黑地。其詩云：「使（但）使主人能醉客，不知何處是家鄉。❷」又以金線誌之。那物夫人常帶以自隨，所歸仙日，置于棺内，其巧人未有。），每欲爲女家作標準，訓示將來，莫把人情絆了，紅絲牽住。日征月邁，迨至嚴堂謝世，夫人已二十有五矣。雖家計屢空，而三載涼陰，哀毀盡禮。及滿闋時，有公子汝廷瓚（後中進士，官至尚書。）、顯官超郡公金縷尙書，幾多求梅，未嘗許允。惟萱堂定省，甘旨承歡，抱道自娛，與家兄相談理學，不以富貴動其心者。誰料斯道晦煙（湮），不幾年而家兄促玉樓之駕，單留骨血兩個孩兒，家頗酸寒，無以爲禮。夫人卽努力經營，從無礙歸于故里，凡鄉村事例，一無所缺。途中夫（乃）撰祭文云：

嗚呼！雁陣驚寒，望洋湘而痛泣；棠花遇雨，陟崗嶺以咄嗟。何昊天之不弔，一至于是耶！痛惟吾兄，生來寒素，志厲（勵）琢磨。學冠古今，對時人而無愧；術窮天地，與前哲而同科。不幸命途舛剝，道統坎坷，哲人其萎，椿萱逝斯，兄隱憂而剛腸皆裂，兄裴酸而血淚盡垂。負米攤餐，事母益堅於孝行；傷貧哀道，潛心不惑於他岐（歧）。時運難齊，久帶儒冠於府序；才名藉甚，經魁北省於槐圍。夫何才星落度，明鑑失輝。一生之文思瑰奇，吐煙霧吐珠璣兮不復覩；半世之經濟抱負，屈黃泉屈青草兮不得施。玉樓憶昔獲承顏，妹，久挹春風之和煦；梓里而今遄返駕，妹失夫景色之慘悽。噫唏！噫唏！憐兄者妹，憐妹者誰？一則憐兄之功名方進，一則憐妹之終鮮無依。可痛者祖父汀零，冷落家庭，掌上明珠兮，旣遭墜破；堦前玉樹兮，更失敷榮。含胎以供，失吾兄而愁傷歲晚；植槐以望，失吾兄而念切家聲，兄所以有負於冥冥。尤可痛恨者，母氏誰供？家計屢空，易感卜商之淚落，難禁夷甫之情鍾。近倚門、遠倚閭，慈愛已隨冰見日；出則顧、入則復，劬勞盡付水流東，此兄所以飲恨，而淹終情之深者。荊布藁針，琴瑟同音。一陣北風兮分比翼，百年長夜兮斷同心。絳帳淒吟，三陜(峽)夢魂驚怨夢；滄江淌阻，九嶷深處擁愁深，此兄於磅礴之際，豈不想離別而念稠衾。情之甚者喬木影垂，梓樹無依，院靜而呱呱泣淚，巢空而啞啞聲啼，弱女垂髫，舉目絕屬離，毛裡幼兒初學趨庭，誰教誨禮詩，此兄於泉原之下，豈不想衣砵而念孤睽。惟餘留顏色於月落屋樑，相識者舉皆痛悼；聚精神於遺編陳簡，門生者莫不悽愴。況同胞之妹，感心處，觸目處，其曷勝千慘萬傷。但有體兄之情，教姪女以酒食；是議繼兄之志，勉幼子以德音孔章。如此，則兄之靈其可慰，而妹之責其可償。貧寒徹骨，無以自將，丹忱一片，玄酒數杯，嗚呼，痛哉！尚享。

時夫人居兄喪，事母以孝，勤恭自守，誨育孤兒，以家門頗欠，無以資需，遂著醫術濟人，及代人撰述，時供饘粥菜薪之用。未幾，有國成秉忠公屢次使媒求聘。夫人以外戚之家，根蒂淺薄，雖累請納幣，夫人獨權以言語，終不以此門楣致累。一日，夫人當庭訓姪，啓告禮儀，從何處來六十餘員，皆衣帽整齊，肩輿一座，突就中堂，置詞聘禮。夫人卽屏入後庭，足踏泥濘地，身穿農圃衣，擁一小棹，直趨官軍前而出。那官軍見這形容不致，只得根尋，終無所見。卽將夫人皆赴京，伊公置東向以座，盡禮致敬，欲以招夫人。已而，月餘不見消息，伊公嘆曰：「富貴不淫貧賤樂，男兒到此是英雄，若女眞所謂女英雄也。」厚禮慈親，遣歸鄉里。自是夫人名重朝郡，人咸欽慕。有唐豪藥莊人，有女充入後宮，幸承寵眷，迎夫人教授其女。夫人因避權勢，遂入宮。然家信往來，每以爲常，無缺家庭孝悌。至已未年，賊徒蜂起，安平市鄙墅社都被殘破，夫人占一卦，見無礙地方，必爲戰場（復十餘年，皆爲賊境。），遂棄此地，奉母避居于章陽門生第居焉。

夫人常曰：「歷閱女史，才學不爲不多，然未嘗有教子弟登科者。」始開場講學，教育士子，後章陽進士陶惟允公卽其徒也。

一日，夫人正坐，自講完席，而觀聽者五十餘員。忽（原本作卒，恐誤。）見前疎竹影弄客風，一人從外而來，跟數個蒼（頭），遞一盒金沙，盒中一詞，封質甚密。夫人卽拆開之，乃富舍左侍郎阮翹求婚事。看罷，嘆曰：「吾少待字，經廿餘年，卒不以是關心者，每謂佳人才子，自古所希，不如洗了塵心，閒養清平氣象，都無意於鸞鳳者久矣。彼何人斯，復惱哉（我）以塵字？」遂不之許。旬餘，又見侍郎公遣家甥遞書來，遞言公令：「公務浩繁，皇華之馬，日促程期，主饋行權，誰人管照？矧夫人與前內子，情中姊妹，分上漆膠，若肯包容，是一家之大幸。」這一番辭話，言甚懇切，情甚淒涼，似有半分憐恤。但靈臺清爽，淨境舒徐，頗惡其煩，尚靳一許字。逮門生滿口贊勸，動及尊慈，夫人始不得已允焉。夫人自于歸後，門庭莊肅，閨閫戒嚴。不月餘，整治行裝，餞公北使，夫人代理家事，撫育衆子，一如所生，而訓教禮文，兼盡父師之道。及三載事回，臺堂鐘鼓，夫人內執婦道，敬順無違，舉動言辭，卒循規矩。但公以少年登第，自負才名，夫人揣知，每欲抑其驕字。乃命門人采京邑諸名場時習，如「擇女徒、養曾孫」、「天雨金三日」等詩題，與公各各做成一律，批評後，公雖不及夫人，而每以言語相彊。夫人私嘆曰：「吾每謂巍科早擢，甲第名人，才德必有出類；不意學從業舉，冒章句以名聞，日誦千言，何關理體？」那先生不但不知詩，於經綸上頗少欠。會冑監考「國家如金甌賦」，公與夫人各製一體，一賦實事，一賦人言也。已而夫人之詞工而艷，其思密而周大，與公不相伍。公自是揣知其能不如，始日與夫人攻詩，一唱一和，閨庭之內，相敬如賓。清浪之時，仰觀天象，推風聲則知休咎，響應如神；占雲氣則辨吉凶，毫髮不爽。戊寅（辰）年夏月，公自公退食，私室閒談，與夫人評品詩章，查點舊文，以爲一家詩集。忽繡簾吹捲，一片飛塵，夫人靜思，屈指一算，因謂公曰：「北闕雲軿昭妾瑞，南陲春雨著君恩。」公詰問再三，終不解。不三五日，而公果奉公差赴鎮南藩管領事務。公將行，逼夫人以同往。夫人辭以家事，假期後跟。公固切，夫人不得已，入辭親母，同公一舟，由水路而進。是行也，千里風帆，一腔（空）明月；奇山秀嶺高低，酒店茶樓遠近；劍戟橫江渚，秋霜烈日暴；丹心琴瑟好聲音，翠岸蒼叢開笑色，眼前景物，筆底山川。正所謂放心捫好景，愛景思彌長，歷歷品題，皆有筆記（但今皆失落，不記。）。一日，舟次於崇山廟下，夜靜更深，人都熟睡，夫人正適思親燈下觀書，未嘗合眼，當空聞環珮聲，漸漸而近，異香都（郁）馥座中，忽然彷彿身似登車，已而驚醒，殊覺不快。自是微抱風花，雖彊力加餐，迺而日甚一日。五六日到義安鎮，病勢轉劇。公卽徧求醫藥，齋禱神祇，率皆罔效。時中秋八月初四日，就鎮，至九月十一日，於病中卒起床整容儀，宛似平常豐彩，命侍女喚公來，屬以後事，因曰：「君宜王事靡盬，克盡坤貞，俾安回朝，庶免紅塵留住。」言訖，就正寢而終。公於是慘怛無涯，不勝愛惜，備禮成服，事完，暫留梓宮于義安鎮一月，以供朝夕哀奠，始擇日下船，設奠筵，有祭文一道，以寫哀情云：

嗚呼！秀娘！蕙秀蘭芳，豐姿嬌艷，舉止端莊，女德之備，才學之長，鋒鋩談論，錦繡詞章。洵女中之罕有，宜福履之綏將。胡為乎配偶遲於孟光，嗣媳乏於莊姜，當徐妃之壽，埋班氏之香？何化機之難測，天命之無常耶？昔聞娘子之名，遂結兩家之好；于歸兮作我嬪，必敬兮循婦道，筆硯兮專司，針線兮弄巧，時談論兮古詩，日唱和兮雪調。三年北使兮柳眉顰，五乘南還兮華容笑。公餘兮只樂文翰，旨下兮重臨南徼，遠行不礙其山川，內助克供其蘋藻。千里兮水路難行，三旬兮柳宮初到。一疾遽攖，百方罔效，桃未實而已摧，桂有香而已老。山深水濶，娘子何之？玉碎珠沉，我心是悼。未欲掉（棹）蘭舟而曉發，送柳駕以遄歸，期佳城之寧厝，殫厚意于慎追。爭奈義隨時異，事與心違，寸步敢離鎮治，一身難兩公私。回程暫次于河之湄，送之行兮淚和雨，情之哀兮萬菲儀，風浪兮勿生驚怖，道途兮無礙逶遲，香魂兮安只，故邑兮來思。尚享！

【校勘記】

❶ 此段原為喃字，作「仍芒氽刻扛琹鶴，語包噭番𢫈蘿梧」，今譯作漢文。

❷ 「家鄉」原作「鄉人」。

聖宗遺草

許鳴鏘校點

聖宗遺草 出版說明

本書傳爲黎聖宗所作。聖宗黎思誠，一名灝，號天南洞主道庵。太宗第四子，母光淑皇后吳氏。生於大寶三年壬戌（一四四二），年十八登基，在位三十八年，卒於洪德二十八年丁巳（一四九七）。聖宗爲越南英主，史稱：「帝創制立度，文物可觀；拓土開疆，皈章孔厚，眞英雄才略之主，雖漢之武帝，唐之太宗莫能過矣。然土木之興，踰於古制；兄弟之義，失於友于，此其短也。」（大越史記全書、本紀、卷之十二）按聖宗訂洪德律，爲越南首部完整法律。又校定官制，推崇儒學，定三年一舉之考試制度，以文官代替門第。又雅寫文學，編有天南餘暇集等書。晚年喜吟詩，與群臣唱和，有騷壇二十八宿，而自任爲騷壇都元帥，所製有明良錦繡、瓊苑九歌、古今百咏、春雲詩集、古今宮詞詩等。武瓊謂聖宗「南征茶全而復其封疆，西拔雅蘭而掃其巢穴，山巒有征而威揚乎此，盆忙有征而地闢乎西，其規模之略，中興之功，可以比肩夏少康，蹈迹周宣王，薄漢光、唐憲於下風矣。」（大越史記全書、本紀、卷之十三）

黎貴惇大越通史藝文志及潘輝注歷朝憲章類誌文籍誌，均無提及聖宗遺草，而黎灝其它著作，皆見史書紀錄，故此書甚可能爲後人假托之作。據書內言及「予在東宮之時」（頁三十三）、「予潛邸時」，是知書當作於聖宗卽帝位之後；又其中有年代可考者如「洪德六年」（一四七五）（頁二）等，亦可知作於登基之後，唯史書不載，可怪者一也。兩佛門說記謂「癸巳年洪水逆行，凡水勢所及之處，游龍栖於木末，鷄犬養於樹間，祠寺多漂流而倒壞。至八月二十七日，水既降殺，予舟行歷觀視受害諸處而給養之。」（頁六）聖宗癸巳時當爲洪德四年（一四七三），大越史記全書：「九月大雨，先是春季三旬無雨，夏少雨，至是雨下如注，達曉未晴。」（本紀、卷十三）遺草與史實相違，可怪二也。浪泊逢仙，借笛仙之口暗示前身爲仙童（頁五六），後死於婦人之手（頁五七），夢記則仍用笛仙之口，直指彼前爲「帝所仙童」（頁六一），此皆聖宗之傳說（參頁五七～五八），且及其死之因，然皆由彼生前寫出，可怪者三也。是故聖宗遺草大抵爲後人假托聖宗傳說鋪敍而成，其產生不可能早於十五世紀，當是十八、九世紀之作。這雖然是一部僞托的書，但並沒有減低它的文學成就。這是一部成功的短篇小說集，其中有文士的創作，亦有取材自民間傳說，有寓言。值得注意者乃是很多篇用極純熟之第一人稱敍述，在越南古代漢文小說中，殊爲少見。又各篇有雙行批註夾在正文中，篇末有南山叔總批，針對本篇內容與技巧作較深刻之評論，有時且旁徵博引，再寫新故事。這些批語是研究越南古小說批評的好材料。南山叔評論時，偶因技癢而自己創作，使人懷疑到他是否就是作者？南山叔對中國漢文小說是熟悉的，鼠精傳一篇之評，引用西遊記故事，可見評者當爲十八、九世紀人。

就所知，聖宗遺草只存一抄本，遠東學院編號是A202，原本現存河內漢喃研究所，遠東學院有微片，本書卽據微捲謄錄。此本批註有校字記一條（頁四九），可知過去存有不只一個抄本，此抄本（或其底本）卽據不只一本校錄。現存抄本抄錄不佳，頗有漏字、誤字，可知亦是過錄本。因無它本作校，只能就文意通讀。

本書曾翻譯爲當代越文，其中個別故事（如雨佛門說記）有法文譯本。

聖宗遺草

目錄

枚州妖女傳
蟾蜍節婦記
兩佛鬪說記
富丐傳
二神女傳
山君譜
蚊書錄
花國奇緣
禹門叢笑
漁家誌異
薑蔔判辭
玉女歸真主
夸弟二神記

書影

序

孔子不語怪之與神、以其人不親見、則群起而疑之、第試思四海九州、深山大澤、神奇怪異、安可盡述耶、觀夫鄭伯有之爲厲鬼、齊桓公之見山妖、白頭翁之食男女、寧非怪乎、海客隨鷗、令威乘鶴、列子之風、張騫之槎、寧非異乎、吞玄鳥卵而生商、履巨人跡而生周、與神人交而生漢、又寧非神且異乎、予所錄花國奇緣、漁家誌異、等傳、言必有稽、非如齊諧者類、株守者以爲無事之理、或以爲無理之事者、是坐井罩耳、

聖宗道草、

欽州鉄女傳、

栗陳元亮家、欽州有一鉄女神、變幻百出、或頭如車輪、或二首六身、見之每怖死、或輕如趙燕、或肥若楊妃、愍之身亡、地方昔之、多方以壓之不能勝、每夜清月朗、於空中創吟哦、綴為文、艶遊帝都、良人知止無漁、翁滿地一江湖、滿影瘦御花瘦、六甲六甲遇元夫、聲出金玉有耳皆聞、而莫解其意、予猜卽猜知其咢獻草一封付人、搭枕畫桐、備天王劍以除之、鉄女懼伏

書影

書影

爲足與語天地之大義、是爲序、

序

孔子不語怪之與神，以其人不親見，則群起而疑之。第試思四海九州，深山大澤，神奇怪異，安可盡述耶！觀夫鄭伯有之爲厲鬼，齊桓公之見山妖，白頭翁之食男女，寧非怪乎？海客隨鷗，令威乘鶴，列子之風，張騫之槎，寧非異乎？呑玄鳥卵而生商，履巨人跡而生周，與神人交而生漢，又寧非神且異乎？予所錄花國奇緣、漁家誌異等傳，言必有稽，非如齊諧者類。株守者以爲無事之理，或以爲無理之事者，是坐井輩耳，焉足與語天地之大哉！是爲序。

聖宗遺草　卷上

一、枚州妖女傳

陳元豐末，枚州有一妖女神，變幻百出，或頭如車輪，或二首六身，見之者怯死；或輕如趙燕，或肥若楊妃，惑之身亡。地方苦之，多方以魘之，不能勝。每夜淸月朗，於空中自吟云：

擬著文袍遊帝都，良人知也無？漁翁滿地一江湖。

梅影瘦，柳花癯。六甲六甲遇元夫。

聲出金玉，有耳皆聞，而莫解其意。予潛邸時，知其事，爲草一封，仵人詣扶董祠，借天王劍以除之。妖女懼，伏於江潭草莽，不敢作怪。

至洪德六年，妖女化作少艾，年方二八，目如秋水，唇若塗硃，雲髮花顏，笑語間，娓娓然動人矣。入倡家，自言少失怙恃，依于親姊，姊夫輕薄兒，故逃身于此。倡家問曰：「姓甚名誰？住居何地？」曰：「姓漁名娘，文木是其邑也。」倡家又問曰：「漁娘同音甚多，的的是何字樣？」曰：「漁人之漁，娘子之娘也。」倡家又問曰：「汝能歌乎？」對曰：「能。」遂令檀板按曲而歌，則淸妙絕羣。倡家甚喜，衣以錦繡，飾以金玉，蓋欲惑諸少年，以邀厚利。但嗚鞭袪服，有客到門，卽遽移蓮步，剩留背後之香；倒入蘭房，纔露腰間之帶。倡家厭苦之，屢妙語以誘之，或嚴威以刼之，終不可得。欲逐之，則盡失前程；終留之，亦無後利，姑許以徐觀有改行乎否也。

忽一日，有一客來此倡家，衣裳布素，儀容憔悴，自稱名曰良人。倡家諸兒拒云：「如此形容，如此❶服采，來此何幹？」或又戲之曰：「來此欲以爲漁娘之女尸也。」良人乃正色曰：「古人云：『飲糙亦醉。』凡歌兒舞女，不過欲多得錢耳，形容特其外耳。」語訖，儼然據上座，高聲謂曰：「我非異人，家居第六甲，左得珥江之秀，右毓兌湖之靈，俗號六甲翁。乃百萬時盡，含情無言之客。偶尋太公之故跡，閒訪子陵之芳蹤，乘興至此，歌兒中苟有聲色俱絕者，清歌一曲，淡飲數杯，獲賞不貲。」漁娘在房中聞之，整粧遽出，斂容而泣曰：「妾匿此年終餘，金谷人來，朱門客到，屈指不可勝數。每每於密壁中窺之，金玉其外，敗絮其中，皆不得如意也。郎君兮郎君，一別三十春，巫山雨、巫山雲，朝朝暮暮有何人？郎君兮郎君，臨邛去日誰相親？天王劍氣，幾無完身。郎君兮郎君！」泣罷，解羅帶，中取白璧一雙，黃金十兩，擲于倡家曰：「尋常微物，聊報潭母之恩。」携手出門，嘆息升車而去。

山南叔曰：

細玩二歌，前曰元夫，後曰相別，意者漁娘與良人，舊有朱陳之緣，死而幽魂不散，久則成妖，至是還為夫婦。所謂六甲翁者，亦其託言耳。考之枚州洞中，有漁人祠最靈，屢為民害。豈其漁娘、良人二鬼耶？讀者以意會可也。

【校勘記】

❶「如此」原作「此如」，據文意改。

二、蟾蜍苗裔記

蝦蟆子、野鷄子，二子皆出於蟾蜍，處清虛府，食玉兔之藥，染仙桂之香，不知幾萬春者。偶於十五夜下望人寰，愛山水高清，羨人物繁麗，遂萌塵想焉。固請於姮娥，姮娥乃許之。于是舒股舞掌，躍然降于人寰。

二子旣降之後，蝦蟆子守得天眞，著粗帛之衣，住深密之處。惡蟻羣之螫人，則舒舌餂之；見蚯蚓之飲泉，則開口吞之。不然，則兀坐含頤，他無所好。鷄鴨輩或侮之者，即噴出靑火以拒之。毒之所染，皮膚浮裂，以故醜類咸遠之。每見有癰疽深毒者，則以身塗之，立愈，或以酥滴之。小兒爲五疳所瘦者，則割股食之，遂肥。以故人不忍食之。性又安土，敦乎仁。或取石灰塗其衣，送去遠地，數日復還。天久旱，則切齒以感動之，風雨立至，其得天又如此。

野鷄子則操白帝之見，產沈灶之中，著襖錦衣，淫虐無度，呼群引類，遍居于江湖田野之中；魚蝦昆蟲，多爲所害。橫海公子恃有交刀，行則舉之，自謂莫敢我何。他以掌撫公子之甲以騙之，公子不意，遽收利刀，即吞之而不疑，其肆虐致如此。五六月，天大雨，田間水漲，則呷呷交鳴，雙雙相狎，以火炤之，尚貪歡不醒，其淫荒又如此。人多惡之，傳相去首離皮，調以五辛，稱爲佳味。由是狎於雨中者，點燭以捉之；坐於畔岸者，結網以獵之；其深藏穴居曲處者，則鐵鉤木梗以拘出之；其沈浮于萍水葦汀者，則絲繩翟竹以餌致之。舉凡平日之貪縱肆毒，以肥其身者，盡供乎庖厨之品矣。夫乃知先哲有云：「其爲人也寡慾，其所不存焉者寡矣；其爲人也多慾，其所存者寡矣。」詎不信然。

山南叔曰：

此特蟾蜍苗裔記耳。就中發出寡慾者存身，多慾者喪身。層層析剖，細細入神，何嘗不是蝦蟆野雞記邪？大矣哉！聖王之言乎！言乎近而指遠。

三、兩佛鬥說記

癸巳年，洪水逆行。凡水勢所及之處，游龍栖於木末，鷄犬養於樹間，祠寺多漂流而倒壞。至八月二十七日，水旣降殺，予舟行歷觀視受害諸處而給養之。夕抵文江津次，風雨冥晦，予乃命維舟于佛寺前宿焉。

至丙夜，四顧寂寥，忽聞寺中有聲嘈雜。時侍從熟睡，予乃潛身上岸，依寺戶前竊窺焉。見一土佛，足踏獸頭，手持利刀，鬚髯如戟，面方盈尺，腰闊三圍。怒色勃然，指中間上座木佛罵曰：「六七月間，馮夷爲虐，爾身不能與水爭，只見夫于沼于沚，載浮載沈，友漁蝦而棲萑葦，花冠也而爲塗鴉，文靴也而爲泥涴。當是時，愚婦見之，認爲流蕉，梓匠望之，疑爲漂木。曾幾何時，徒爲黑衣長袖輩之所依傍，人安得搏得一樗蒲淡供哉！幸爾眞身尙在，寺主收還，再飭衣冠，重加金碧。念爾之前遭如許，復何面目，敢居吾右而受祿三品耶！」

木佛亦艴然起而言曰：「君不聞經云：『世間萬事不如常，又不驚人又久長。』夫水旱，天之行也。水至而同流，水消而返位，雖江湖寄跡，而何損乎眞吾？又豈非『能爲萬象主，不逐四時凋』乎？憶吾在迴瀾時，顧貼本寺，傷心哉爾之遭遇乎？水及足而爾之足解，水及腹而爾之腹敗，水及背而爾之肩背與之俱壞。額廣眉穠，于今安在？嗚呼噫嘻！身且不保，反笑人爲。」

二佛說猶未已，釋迦佛携壺醉容顚倒，出而言曰：「噫！二子過矣。當大水之濛濛，二子不能使六智，運五通，喝萬水而歸之東。乃土木其形，喫玆民之酒牲，不知愧恥，反相鬥說，曾不恐壁外之聽？（然則釋迦佛有何功乎！）」

二佛爲釋迦所折，方欲修辭，忽聞寺邊有人語響，遂寂爾呑聲。予開戶視之，唯燈火輝煌，二佛與釋迦，依依然土木而已。

山南叔曰：

兩佛門說，其事奇；釋迦折之，語尤奇。夫無功一也，而猶以上下厚薄為嫌，釋迦佛譏之，是矣。然攜壺醉倒，亦有何功于民？噫！亦二佛類耳。聖天子闢邪拒詖，記此奇文，語意針鏑，不惟無功而食祿者讀之汗顏，使出家輩讀之，自能反正，必不為他歧所惑也。洵所謂小小題目，發得大文章。

四、富丐傳

三青有寡婦者，年倍及笄，少未生息，上失姑嫜，旁鮮兄弟，居無立錐之地，家絕隔宿之儲；煢煢然寄人籬下，爲傭澣婦以資身。繼而貧病交迫，無半籌以得食，鄉人皆擯斥之，假貸終無所得。乃向荒廢公園中，拾脫箨，收敗禾，折細竹，屈小木，構一草寮容身焉。

由是鶉衣百結，破笠當頭，竹杖枝風，蒲裳備雨。效晉公子遇野之故步，學伍明輔吹簫之清風。纔向東南，睎指鄰之禴祭；低徊左右，遙瞻東郭之墦間。登山呼庚，沿門乞癸，凡所到之處，善拜善跪，善媚主人，其所得必多於儕輩。如此者四十餘年，風淒雨濕，晨出暮歸，徧鄉中無與立談者。

忽旬日間，寮中絕烟火，晨夕無去來，初猶聞呻吟之聲，既而寂爾。鄉人以爲死矣，群來埋葬之。彼許席敗，此給竹繩，舁屍出諸墓地厝焉。厝訖，羣相謂曰：「老丐之身，既歸夜臺；老丐之寮，應還回祿。不然，蛇虺有所藏身，或爲患者。」衆以爲然，群來火焚之。彼脫箨敗禾，與小條細竹，當祝融公之一過，便已空曠而無遺矣。寮既無遺，而寮中之積而高者，都歷歷可見矣。衆皆異焉，掃灰及草，發而觀之，則索子齊收，靑而積者，皆鉛錢也；算之得二百零。穴土深藏，紅而腐者，糯粟也；量之得八十鉢。剛米剛粟，各各稱是。他如北磁（瓷）北鉢，茶杯酒杯，合積盈二箕。衆人相顧詫異，或動顏，或失色，不知何所從來。第此物既爲無主之財，雖乞人之貲，亦各分贓而去。

山南叔曰：

奇矣哉！富丐之傳乎！是致富由於丐乎？抑富而丐乎？又誰為富而丐乎？抑必丐而後富乎？其意皆不可解者。獨怪三青之丐，頭蒙雪髮，面點霜眉，年已七十餘矣；生前寡助，死後無兒，居積至於如此，寧不可飽食以終老乎？乃善拜善跪❶，善媚主人，以乞丐生，亦以乞丐死。舉平生拜手稽首，竊取盜取之財，盡付於生平寡助之輩，豈非家積不善，故鬼惑其衷耶？至於衆人與他生前既無所助，幸他死後分取其財，是亦無恥中之無恥，乞丐中之乞丐也。

【校勘記】

❶「跪」，原作「跑」，依上文改。

五、二神女傳

順天四年，承大定之後，行旅者願出於其途，商賈者願藏於其市，上京一大都會也。（河內初名上京）忽有二女坐列肆中，以賣卜算數爲藝，但朝青春而夕椰市，去京邑而回長安，靡所定居，似有上下求之之意。詳看其人，老女則年過四旬，青絲間染秋霜，玉面漸消紅粉，而娬媚肥艷，猶可動人。少女則年方及笄，雪膚花貌，趙燕同車多愧色，崔鸞並坐帶羞容，雖釵荊布裙，衣裳質素，而光可以鑑，漁色者多心欲焉。第或萌玩弄之心，則神亂頭疼，以故人不能近。

每於市肆絕早時，布二蒲席，席間置斗書半部，及徑寸一龜，上樹一方紅布，墨寫云：「算卜無神，何人買者受三文。（無神者，言有神奇於此。）」陳布訖，卽並坐而歌。其老女歌云：

無鱗馬！無鱗馬！（奇馬也，意者其魚乎？）子復父讐，詎云不可，冉冉甲花將半過。

母也母也，扶搖不可借，羽翼不可假，甲花將半過。

金鱗底怒倒江河，白髮幽思無日夜。無鱗馬！無鱗馬！

其少女歌云：

東隅東隅，已歷三秋，三秋快滿毒之讐。（毒字是生母字）山有樞，妾有夫，如何如何！

嗚珂遊帝都，未能絕粒升天衢。

升天衢，相懽虞，君不見，蘇氏座山頭。

萬轉千迴，聲甚淒楚。市人環而聽之，至有泣下者。歌罷，然後接人。其算數也，微微運掌，而富貧壽夭生前事後盡神奇；其賣卜也，略略灼龜，而得喪死生年月日時都巧中。頃刻間，剖斷已畢，乃微啓朱唇，謂其人曰：「如受三文，幸還之于席末。」俟其人去，見貧餒過者，呼而指與之，固未曾手接而親授也。一市人亦不曾見其爲飲食何如。日落而歸，好事者跟隨，欲窺其住宿之處，行僅數步，卽彙(暈)然倒臥，終不能從。

如此者纔三月餘，忽一日，老女雖則同行，然不歌，亦不賣卦，惟愁容滿面；少女則歌聲如故，不知或指以爲狂。然時有老儒屋居大利坊，因家貧，設馬帳于東英地，遠聞書信，知得親父病重，遽解館，步行獨歸。孝念匆忙，忘其爲夜，至五更初，僅抵菩提津次。於落月微光中，望見二人，從菩提樹高杪而下，步履安閒，不同緣木之狀。老儒素有正氣，疑彼爲妖，遂急趨，把二人之袖，欲格殺之。近視之，乃市間賣算法人也。老儒曰：「日居市中，夜栖木上，汝等寧非妖耶？」二女語猶支吾，老儒心異之，遂低聲謂曰：「我非五陵年少之輩，係是老儒，才高學博，但厭逢時之亂，故不仕耳。今天子當陽，衆樂爲用，我又嫌其年老。古人云：『斜陽無限好，只是惡斜陽。』故勉裁成於後進，思以流澤乎將來。目今功臣二百餘人，半出吾門之下，細察汝等之情，決非賣藝人，若有所求人也。如何如何？宜以實告。」二女聞「功臣」一句，動到本相，老女乃掩淚而言之：「我是龍王之從子婦也。去年，我良人愛白蓮花之香，爲金麟郎所惑；掉尾並游於霪潭。不意王通適於此日觀魚，獲而殺之。妾癡兒乃請於龍王，爲父復讐。於是乘無麟馬，洄江而上之。我於癡子離宮之時，謂之曰：『子服父仇，可謂孝矣。念母年老，晨昏無人，當以何時爲歸？』癡兒垂淚對之曰：『此行若報得父仇，則花甲半週，北堂再得侍養。不然，則歸期無日矣。』計自去日之日，至今日之日，已三十六歲矣。倚門而望，身將疇依，故託名以求子耳。適於客日，接聞知癡子託塵之後，事黎主，甚得信幸。屢爲刺客，潛入王宮之中，乃三起而三不中。及聞黎主與王通講和，許以全身歸國，癡兒念君命之重，既不敢違，則先父之仇，無時可復。遂向水宮望拜我畢，卽爲珠樹之懸魚，于今已四年矣。事既無奈，我欲歸溟，但念□繫同行，焉能驟絕，勉爲山姑淹留旬日耳。」

老儒聞畢，爲之惻然，問及少女。少女反袂拭面，細開雁齒，低頭而言曰：「妾非異人，東隅子山神之偶也。黃福鎭守時，爲人扞鑿，傷母山之脉，母山因是枯悴。妾夫怒甚，常使人伺黃福之車，則飛石折輪以雪之。彼預知，永不敢來。妾夫乃乘虎神，上南曹星官，問以人間事，圖復母仇。星官以太乙書算之曰：『黃福歸朝，王通出鎭。然十餘年後，有姓黎名利，起義藍山，福再提兵來援。至梨關，反爲黎利所獲，自此天下大定。』妾夫大喜，遂降神于裴家。臨別，妾請從，泣曰：『夫婦如一，郎君冒死爲乎親，妾將針線請從軍。』郎君顧謂妾曰：『古人曰：「婦人在軍中，兵器恐不揚。」此江山，此臣庶，卿卿姑主之。俟大定，後三年，枕衾如故何從爲？』言訖，遂別。妾每於石室之中，屢屈指籌之，迨今已四已矣。奈之何三四月來，沒無踪跡，或錯過者，故借算卜誦歌聲，處處求之，庶幾哉聞歌聲而感動耳。妾恐郎君爲人間富貴所移，敢問老儒知之乎？」老儒曰：「功臣多矣，皆賜國姓，是難以姓字求也。」山姑試言其狀貌，令我熟認之。」少女曰：「妾夫身高而首銳（隱然山形也），耳輪有二點紅色，甚光亮，終日靜坐不自言。（依然山性也）左掌心有一人字紋，右掌心有一九字紋，是託生時，恐或忘之，故誌之掌紋，合成仇字也。敢問老儒知之乎？」老儒沈思良久曰：「勞子遠來，是乃前軍統制府參贊軍務裴可嘉，卽吾之門子也。聞知黃福下馬羅拜時，他大笑數聲，親縛獻功。及大定後二年，他自陳從征勞倦，情願回三島山祠養病。聖上優卹，賜以國姓，曰黎可嘉，爵明字，歸老纔一週星，於前月十七日酉牌已命故矣，復何求焉！」少女遽回顏微笑曰：「婦去夫便回，行跡何參商。料得山翁意，應爲妾心忙。」遂整衣長揖老儒，顧盼間，忽不見二女所在。

山南叔曰：

山青水豁，事事憑虛；筆海詞鋒，鑿鑿皆實。讀此文，然後知忠孝之念、恩愛之情，貫幽明而如一也。所謂老儒者，其文中子之前身歟？

六、山君譜

山君山君，白色者其正宗也。上列天星，居西方之宿，與靑龍、朱雀、玄武，並鎭乎西方。春秋時，下乳子文以相楚，楚人諱之曰「於菟」。唐貞觀末，爲薛仁貴，佐太宗，討平高麗，薛剛、薛强，其苗裔也。朱色者，初發跡于虞朝，見推於九官，末世有朱三者，其耳孫也。他如相周宣王，以平淮南；爲五將軍，以復漢室。據巴蜀，以視中原；相秦穆，以伯諸夏。宋太宗得其步，而爲天下之主；漢班超得其頭，而封萬里之侯，此其善類也。譜文王之崇侯，盜大龜之陽貨，疎防閑卽出於神，作妖夢以食同曹，乳臥有名，此其惡類也。

雖然類別甚繁，而仁義勇猛則一而已。生子則父勤乳哺，非仁乎！政善則渡河而北，非義乎！所居則藜藿爲之不採，非勇猛乎！是以天下皆畏之，屛風上塑其像，道士家畫其形。帥曰虎將，兵曰虎賁、虎牌、虎符，取其武也；虎帳、虎門，取其威；虎力，取其猛也；虎嘯，取其聲也。其文炳也，天下亦皆愛之。魯馬蒙之以退師，橫渠坐之以講易，秦君借爲弓韔，周王以錫韓侯。畏愛兼得如此，故上帝封之爲山君，而呼之曰「大人」。（革卦曰：「大人虎形。」）

受封之日，伏而嘯曰：「有君無臣，可乎？」上帝沈思良久，呼風伯命之曰：「敕爾爲山君之臣。第彼之爲人，喜也則爲龍之弟，擾而馴之；怒也則爲狼之兄，角而翼，不可同居也。必俟他一嘯而卽至。」山君聞命，拜稽首，咆哮得意而出，逢人便多咬傷之，民皆深宮閉門，以避其害；陳機設罟，以戕其生。一離山之後，君勢已孤，爲卞莊所刺，爲馮婦所擒；共叔段暴之以獻公，宋江賊騎之而不下，狄梁公躡其尾而不驚，李膺等抹其吻而莫憚。故易曰：「不咥人，亨。」

山南叔曰：

前段派別支分，正合譜記之體。中段畏愛，竟有贊揚之詞。風伯一段，無中生有，洵斗起之奇文。末段筆力森嚴，山君有神，必潛匿而不敢肆其虐矣。

七、蚊書錄

有野蚊與家蚊善，野蚊推家蚊爲兄，自稱爲弟。一夕，家蚊飛來野外訪焉，野蚊曰：「野外牛之頭，羊之背，任兄翁以果腹。不然，日云夕矣，牛羊下來，吾黨惟清談而已。」未幾，牧豎都歸，家蚊未甚飽滿，第亦勉強從野蚊棲於蓬葉上，歡敍未已，微風從東方起，野蚊將家蚊集敗蘆節中，俄而雨至，又相相飛向捲荷葉中，指示家蚊曰：「此雖窄陋，然天雨經旬，小弟常穩止焉。」至昧旦，家蚊辭回，謂野蚊曰：「嗟乎！小弟何所見之陋，而所居之卑也。夫人家景象，與野外殊別；大廈帡幪，自信漫天之風雨，我則日依繡柱，夜集花幃，會成市於明朝，自鳴得意，快羣飛於暮夜。于以求之，家中熟睡之時，是吾醉飽之候也。況復不止於此哉！」野蚊聞而慕之。

次日薄暮，野蚊向人家尋家蚊所在。家蚊初見野蚊，笑容滿口，曰：「吾賢弟今日食指果動乎？適有二女自遠村來，料今夜家主無帷可容，我賢弟宜以遊絲繩腹，豈僅如日夕之牛羊已耶？」野蚊聞言，微有自慚。至更深，家蚊引野蚊歷觀各所，誇弄其置身之榮。然後尋隙處飛入房裡，果見二女解衣而臥，嚊聲如雷，家蚊指野蚊曰：「臍間血熱，不如股上之溫；手白皮粗，寧及顏紅之軟？」交交張喙，而兩引緌，頃刻間，有似櫻桃之重。（詠蚊云：「飽似桃櫻重。」）於是家蚊共野蚊，向花幃栖宿焉。（家蚊欲實其言也）纔半霎時，家主呼謂奴人曰：「今夜蚊多，宜以火燒之。」家蚊告野蚊曰：「予已有瓦縫缺處，吾相集此，縱火逸，其如我何！」由是幸得無恙。

少間，家主又謂奴人曰：「火燒不盡，宜以苦練葉和生魚鱉甲薰之。」一家之中，蒸蒸烟上，凡空缺處，皆苦烟毒氣所及。二蚊在瓦縫中，目如熟棗，幾墜身爲蟻羣之餚者屢屢矣。野蚊急謂家蚊曰：「今將奈何？不然，初得滿腹，遽爾喪身，兄則不仁，而弟則不智也。」家蚊失膽，迷惑交并，同野蚊求家圈以避烟。時目爲毒瘴，視更不明，誤入蜘蛛蠨蛸之網者再，用盡翹翹之力，方得脫出。一點餘纔能就處，亦不顧屎氣之浸身。栖足未定，忽見群蝙自圈上飛出，迴翔庭間，凡蚊類之苦烟而遯者，一一爲夜明之砂。野蚊懼甚，怯死者逾一牌。及醒來，見煙消火熄，蝙蝠藏身，急急拂羽而別。驚魂已壓，乃倩田蜫送家蚊一書云：

嗚啓賢兄：紅顏點血，猶存腹而；毒氣之煙，猶在目而。念吾儕產出保河，（俗云：「保河之蚊，人安之神。」言其多而且毒也。）身藏文錦，日光中之野馬，秋毫末之輕塵。燈火未來，深夜之中魑魅；（蘇文：「幽暗之中生魑魅，燈火來時□□□。」）飛鳴得意，陰房之處寂寥。尋女薄之微開，輕身入幕；幸童兒之半睡，唆人以生。故貪于書者，非五爪將之碎屍，則團扇子之遠送；貪于夜者，非毒煙之薰其眼；則烈火之燒其形。曷若牛頭則角所不驚，羊背則尾何能及？敗蘆而藏身之固，捲荷而棲息之安。家蚊家蚊！予言不間，火日之炭，煙上之塵，無日矣。幸早圖之！

家蚊得書大慙。

山南叔曰：

「野蚊，一微物也，而說破榮顯為畏途，層層透發，似非熟於世故人情者弗能為也。意者聖天子有為而發，不惟當路者既有所懲，而納交貴勢者審所擇。一筆之嚴，其義皆備。

八、花國奇緣

興化山羅洞，有周生者，初生而父母俱亡；親叔爲乳哺，八歲許就外傳。資雖慧少，而性甚怠惰；叔家素貧，不肯少有操作。朝遊學舍，歸則高眠，荏苒年華，已十九歲矣。嬸嬸厭之，乘叔寂往，朝夕皆置空器，且厲聲以待之。不得已，携書向先父之敝廬住焉。敝廬自父母奄棄，空閉者已十九年，草長房中，鹿場戶外。披卉而入，剩有剝几一座，敝席半床。於是置書几上，向半床偃臥，無怨氣，亦無慼容。

此日晚叔歸，嬸嬸再加詞以數之。叔雖心知，而重違嬸嬸之意，佯怒曰：「如此怠心，誰人給養？不必呼彼自來矣。」因問嬸曰：「姪去已幾日矣？」曰：「二日半矣。」叔默然。飯後就睡，俟夜深人靜，密將米與金，到先兄家，呼周生與焉。且囑曰：「二三日嬸嬸怒平則復歸。」生曰：「諾。」三日又不歸，叔又來曰：「他怒平矣，如何遲歸？前番所與，料已罄矣，我家貧薄，安能自屢給。古云：『添鉢添箸，米何必添？』汝一人於我家何損？孰迷如此，將爲餓鬼乎？吾兄嫂惟存此點血，不可自棄。」周生再約三日，至日又不歸。叔來者數四，只以此對。叔怒泣曰：「昏迷如此，任其爲，我不來，亦無以爲與矣。」語罷，叔歸。

生忍饑長睡，夢一官人首載方冠，僕從數十，手捧金牌。牌上寫云：「敕駙馬入朝，欽此！」周生乃從官人，行倣五里許，見參差宮殿，隱然王者之居。官人引周生屈曲而入，層樓疊閣，不可名狀。俄至一黃金殿，丹楹刻桷，廷列玻璃，龍砌鳳屏，上縫銀瓦，中間垂一珍珠簾。官人細謂周生曰：「駙馬且正立於廷，俟小臣稟命。」語訖而入。須臾，出謂周生曰：「國母御座，宜行拜叩之禮。」周生纔得再拜，聞簾中大言曰：「半子非如群臣，何必見此重禮！」敕令官人扶上，歷級而升，見龍床上一老婆，年約六旬，儼然可畏。官人附耳細言曰：「此國母也。」國母倏見周生，笑容喜曰：「佳壻佳壻！來何遲也？」敕令賜座。官人引周生就邊金榻坐焉。坐定賜茶，見侍女四人，顏色殊妙，捧玉盞置周生坐前。九畹淸風，馥然可愛，周生遂飲焉。飲訖，敕尙食進酒，見樂音導前，八人共捧一大金盞，列周生坐間。酒盤已進，敕召元子。須臾，見一少年，年纔十一，乘金輿肩，宮人擁簇而出。國母諭之曰：「姊夫一初，豈無慚態？元子固勉請之。」於是尙食酌酒，酒香淸冽，而盤間陳列，都都是奇香異物，盡人世之所無。飲至甘酣，母於龍座上，從容言曰：「先皇帝與子之先君，舊有朱陳之約。今駙馬年十九，夢莊亦已二九，我已邁六旬，惟存此一少女，果成家室，則婚嫁之願完矣。」周生不知緣故，唯唯而已。方語間，見一人號太史官，叩前奏曰：「今日非納壻之日，越三日天月德合，是爲上吉。」國母默默半晌，俟酒飯畢，顧謂周生曰：「百年之生，不可苟且；未成婚禮，留宿又是不合，依日又敕官人車迎。」語罷，敕鼓樂送國壻出郊，國母則目送之。

生初出門，風動而覺，便是南柯之一夢也。口穠酒氣，腹尙果然，來日復然，繼三日亦無不然。（花城一飯，卽飽三日，周生遭際可謂奇矣。）至日，又夢如前，見黃金殿上，花香整列，絲竹齊鳴。國母敕傳御衣取新製冠袍各色，命官人爲國壻加冠服。繼命宮女共扶夢莊出房，行交拜禮。拜訖，國母手斟二玉盞曰：「祝爾夫婦，百子千孫。」次及元子與宮人，各各致祝。少頃，左右護國壻與公主回西房。周生與夢莊對坐，細窺其人，雪猶羞白，玉失其溫，金筍纖纖，瓠齒細細，非瑤臺月下，卽群玉山頭，人間焉得有此尤物。但裡衣微露，則躬腹處個個橫紋，（不識陰處亦如此否？）惟此爲少異耳。此夜宴息，不必盡題。旦日起來，房中茶飯甫畢。有敕召周生，生卽整冠袍出候。時已設一文几在龍床前，賜坐。國母從容謂曰：「此處稱爲花城國。先帝奄棄臣民以來，國事紛繁，元子尚幼，母以老婦一人，誠難獨任，幸膝下尚有夢莊，在晨夕之間，濟其勞倦。不然，出嫁從夫，古之禮也，佳壻少爲曲從，許他姑留。無三日則命穿花使者（隱然蛺官也）軺迎，請勿爽約。」周生受命拜別，夢莊亦來親送，面帶愁容。元子戲曰：「一夜夫壻，遽若百年如此耶？」國母微笑，左右亦皆掩口而笑。

日漸東升，覺來又成一幻。如此者三旬十夢：

夢至遊花國，醒來讀典墳；煙火終無舉，容顏日益新。

叔心異之，而不知其所以。

週三十六旬，夢莊舉一男，敕選大夫之妾、上士之妻，齊來乳養。又一週星，國母告周生曰：「某日的外孫之碎盤日也，國壻早早宜來。」生至日纔合眼，已見使者來召。及至，則六官、六職、六府、六工，列宴兩廡，下及畿內老項，亦各賜餔，慶祝之財，隆隆山積。國母親弄兒子，顧謂周生曰：「嬰兒何似？」對曰：「多似母家。（似吾惟一物耳）」國母曰：「非也，酷似子先君之貌也。」既而席罷，夢去如常。

忽一日，周生見國母顏良甚悶，拜問曰：「仰窺聖體，似有不豫，敢問何也？」國母含淚而言曰：「二月來邊報，日至，有鴉賊鵲賊千萬爲群，（群鳥來集食蝴蝶耳）今已現至國門，人民士卒，爲他吞噬者三分之一。議來日遷都，岳壻日疎，故悶悶爾。」語未畢，見兵部尙書叩前奏曰：「賊衆日繁，陛下如留一日，則民丁減半，將何以立國耶？今夜亥牌，的的黃道吉，臣伏願疾飛潛跡，方可全師。」國母懼甚，拔龍筆敕云：

戶部主戶，兵部六兵；前茅後勁，財貨中營；禮曹靜肅，樂音無聲；各司其局，亥刻啓行。欽此！

顧謂周生曰：「四方多壘，不暇詳言。所有尋常小典，庶供筆硯之需，現已派大員奉迎；存兒子方在孩孺，未便從父，俟二十六個月卽璧。」周生聞了，卽走到西房，抱夢莊大哭曰：「死生契濶，何忍遽離！生願相從，豈可視父子夫妻之各一方也。」哭罷，倒卧于地。夢莊急急扶起曰：「暫分終合，人境之常，妾念君子孤寒，已給同人作伴，奈何怨之深也！昨夜，妾聞國母有命，終夜不曾安。私有軟璧一葉，手題一詩示意，敢贈良人。良人長掛于身，卽如妾之奉侍左右也。且是璧也，花精鍊成，其寶無價，夏能却暑，冬可禦寒，我良人珍重之，他日相聚未晚也。妾看今日之勢，孝義難以兩全，從夫旣不可，夫從尤不可也。唯願萬千保守，雨夜眠宜早，風天起要遲，歡娛猶多日也。」乃親手啓周生衣袋？置軟璧于其中，分襟遂別。

周生夢醒，煢煢又是一身。取火燭之，几上有文錦一封，懷精金十錢，生收藏于敗璧下。又探衣袋中，果有一物，長倣二寸，厚僅半分，捲來有似筆管；開而視之，白若梅花；文如錦鏽，潤澤可愛，而堅紉非常。中題一詩八句，書體絕妙，先衞夫人，後王右軍，有力有神，儒林中無有此等體樣也。其詩云：

一劍橫秋歷澗泉，擬將二小接雙天。
花岡對岸應東上，蝴水臨流且右旋。
一十一朝消夙悔，六千此夜話前緣。
良人勿作迷花意，顛倒逢君十五年。

生遍讀再三，沈思良久，以爲幻也，當前有金璧之眞，若是眞乎？一覺付蒼溟之幻。徘徊煩懣，坐到天明，自知而今而後，夢既不來，則饑渴復如常人矣。遂拔筆題一律于壁云：

花國良緣久已諧，幾年心事付塵灰。
龍車鳳輦歸何處？夜靜燈殘夢不來。

題甫畢，聞遠鄰有哭聲，訊之❶，則嬸嬸已命故矣。於是携金與書，再詣叔家。叔初見，怒曰：「二年來姪亦見叔乎？」生再拜，託言曰：「昨夜姪兒夢先父告曰：『爾叔既貧，且遇中年之厄，予有黃金十錢，藏在某處，許汝以為助葬之資。』意者姪兒誠心之所感，願叔父憐之。」叔良久曰：「姑取汝誠，以慰我先兄之靈。雖然，俟喪事了，汝則永住于茲，使身無薪水之勞，則心樂詩書之府，藏修遊息，以待科期。」生曰：「諾。」自是朝夕復如初。

越明年，秋闈正屆，生投刺入場，中鄉貢第一十八名。榮回後，叔為生擇配城市村莊，生皆不肯。叔怒曰：「高詆其長，下嫌其短，鄉貢官將配公主歟！」生微笑曰：「公安知其不然？」叔又曰：「既如此，我於去年行商，適見一女，泣坐道旁，若無所歸，我問之，女對曰：『雲屯人，姓同名人，落跡于此，忘却回程。』我憐而收養，現今年方十八，性安而行和，可先納為汝妾，俟得高門，此時定配無妨也；不然，汝之齒已長矣。」生見說「同人」二字，偶符夢莊贈別之詞，欣然慕之，乃應聲曰：「敢不仰從叔命！」叔於是為之製裳衣，選吉日，使同人對周生，行四拜之禮，稱曰周妾。歷一歲，便生一男，生咳而名之；認其容貌，隱隱然花國之孩兒也。生心知之，屈指而籌，合二十六個月之數。

逡巡日月，又值春闈，生赴選與有分數，出為河內府教授。每三年，獲加一級，週十二載，做到大員。時癸未年宣光道有武文悔之賊，（即文淵之鼻祖。）據險依山，不供貢賦，朝廷屢討不克。天子震怒，敕封周生為平蠻大將，將二萬人征之。坐董賈於兵間，不戰，戰則必克；談孫吳於席上，弗行，行豈不能。於是佩魚書，操羽節，旌旗變色，士卒啣枚，歷涉川原，遠冒瘋瘴，經半月抵陸安州。分將近敵營，前阻一溪，無船不可渡。傳令駐節，召土人叩以敵情虛實，及道里之遠近，便利何如？土人曰：「前溪名蝴水溪，由溪右旋，則一日可到；步行而東上，亦一日可到。惟對岸號曰花蝶岡，渡溪直行，則半日可到。然將軍必剪其樹木，剷成大道，方可進軍。」周生曰：「花岡里數若何？」土人曰：「縱橫倣四十里，陰森樹木，花滿四時。十五年前，忽有蝴蝶數萬，羣於夜半時，飛集于此，現今一飛蔽天，故名。」

周生見土人之言，一一如詩中所示，始悟前年之夢，所謂國母者，蝶王也；夢莊者，蝶女也。昔莊周夢爲蝴蝶，名中寓示其形，我名適與之合，前身豈亦同類歟？穿花使者，即古詩謂「穿花蛺蝶」也；腹背環紋者，蝶身也；鴟鶻諸賊者，群鳥來食蝴也；刻日還都者，即此地也。乃取詩辭剖斷之，首句言仗鉞而經險阻也。下句「二小」即「未」字，「雙天」即「癸」字，今年正是癸未年。三句言宜由東方上行，不可渡隔岸之花岡，而殿傷其樹木也。四句意義已明。「一十二」非「壬」字乎？此日敗悔賊而殺之，所謂「消夙悔」也。「六千」字非「辛」字乎？「此夜」來舊夢而接之，所謂「話前緣」也。七句不須解斷。末言是遷徙之後，「十五年」而「逢君」也。剖斷已訖，雖知人與物交，然故義終不可忘也。乃會諸將議曰：「花岡取路雖近，第尙勞剪伐，不無驚動敵情。曷若我從蝴水右旋，逆破敵營之左，副將步行東上，倒攻敵營之右，如此則可謂萬全。」虎符一下，諸將無不奉命。及至處，果擒得武文悔，封府庫，籍民丁，燒毀敵人之屯壘。經紀凡十日而凱還，各各皆從故道。

時辛丑日，生舟泊于花岡之旁，細味詩言，必得佳夢。日初倒影，遽垂虎帳，假寐舟中。果見前使奉牌來請，生隨而行，所歷樓臺光彩，比前十倍。初至殿庭，已見國母臨軒，遙謂周生曰：「平蠻之將勞乎？鬚鬢驟生，非如昔時之佳壻也。乃知日月逝矣，歲不我與，人生豈可閒過白日哉！」生拜而升，溫凊禮畢，國母乃敕尙食設一大宴于西房，院寂人希，寒暄方可以盡述。於是周生與夢莊對酌，一則魚沈鴈落，閨中凝黛之仙；一則虎嘯鷹揚，閫外成功之將。（必勇于戰也）慨積年之相別，幸一旦之重逢。富貴天家，神仙眷屬；（言僕從皆好人也，出西廂記。）情穠酒淡，目去眉來，不覺月東升而復西沈，猶然房中大暢飲也。國母聞知，卽敕命公主曰：「爾良人君命在身，奈何貪歡如此？」敕命一傳，酒席方罷。周生乃出拜辭國母，執其手而言曰：「老母今倦于勤，元子已長，旬月間予亦還深宮耳。分國中爲二，左以東元子主之，右以西公主之。念自遷都以來，丁財幾倍于前，區區以一少艾之身，臣庶安能盡服？駙馬早完王事，亦應以共治之。」周生曰：「諾。」國母又曰：「古人云『有備無患』，又云『不見是圖』；綢繆牖戶之時，當先未雨。』駙馬如何措置，防鳥鵲過此花岡，保民旣有深圖，卽榮花可以長保矣。」周生又曰：「諾。」俄而風動帳開，周生夢覺，帳下進對曰：「將軍垂睡，的的申牌，經十二時，今更籌又已報申矣。意者再籌邊患，故伏枕如是之熟且久邪？」周生笑曰：「曾經積苦，幸得一甘耳！」起後，離舟上岸，環視花岡者數遍。買田三十區，募土人置弓弩手，遠逐鳥鵲，不令群集於花岡。措置周到，然後回朝奏功，自知將爲花國主翁，必不能久居人世上，疏假回料理家事，未週一月而終。

山南叔曰：

讀者多以此篇少有實事，卽筆生枝葉，繪畫其辭，故成此一長編者。然少所見故多所怪馬耳。我國宣興、太諒及高平之諸山峒，妖形異類，雖國籍不能盡載。如日為生人，夕為飛鬼，與夫漆頭之獠，金蠶之財，人死則束屍以事，歲饑而化虎以行，何異怪異！人猶如許，物從可知。安知非林溪鬱塞，人跡不到，物久成妖，蝴蝶之有王，亦猶蜂蟻之有君臣也。此篇與蜂母之傳合看，但彼則夢終無味，竟成風影之遺；此則幻後成真，遺得英花之種。文章之事，曾謂今人不及古人哉！

附錄：金蠶

山峒有金蠶者，最可惡之物也，金木水火皆不能害。有神人作祟，附在此家而不肯去；人家有不願者，將半生所得財物，并將金蠶包裹在內，故意置在道旁。行人不知其故，拾之以歸，必然驟富。其人極喜，將金蠶供之厨櫃間，晨夕拜禱。久之，人面如金色，與蠶相間；又久之，腹大如鼓，服藥無效，大約五年必死，身亡傳子，子死傳孫，再禱而再送之，斷斷不得，往往有滅門之禍。孔明入蜀，用符水解之。客有憐其慘禍，許一方以治之：用雷丸三錢爲末，同白礬少許調勻，密藏一處。倘見金蠶出見之時，輒以末藥少許，滲在蟲身之上，立時化爲紅水如血。神道必然震怒作祟，但聞空中有聲，又將此末藥聽其聲音響處望空灑去，則神道必大至罵負心而去。自是永不再來，其禍遂絕。

【校勘記】

❶「訊之」原作「訊訊之」，疑衍一「訊」字，據文義刪。

九、禹門叢笑

玉皇上帝御曆之初年，履端月，詔于天下曰：

朕惟澤民者由乎雨，下雨者資乎龍；易曰：「利見大人」，義有取也。朕乘六龍以御天，乃炤之龍江則老而換骨，龍山則蟄以存身；或見于田，或躍于淵，噴水之任，厥施何以普焉？茲設一登龍會，以四年四月初四日為始，凡大而四海，分而江河，環為五湖，細為溝瀆，無論有尾無尾，有鱗無鱗，皆與焉。有能躍三級於禹門者，吾能尊顯之。變化甚神，崢嶸頭角，朝則游於漢水，暮則向乎天門，令五色以相從，諒高出乎尋常萬萬也。於戲！鼓浪成風，不譬釜中之樂；興雲致雨，何如天上之遊。爾等澡身，科期以俟。

詔下日，走獸無頭，自稱曰無腸公子，昂然而誇曰：「君子曰『疾足者先得之』，予前舉雙刀，下垂八足，曾橫行于滄海之中，今而舉大脚，踏大武，禹門雖峻，頃刻而可到焉。魁元之選，非我其誰！」野鷄子踊足大言曰：「予舞巨股，三躍而可歷其巔。」赤白鱔舒身自侈曰：「予抱長膝，三擲而置身其上。」鰌魚詡然言：「習慣若自然，登山，吾之故步也。吾將健鱗而上之，何難也！」海蝦奮然曰：「公侯自有種，飛天，吾之前身也。吾將曲背而取之，何難也！」洵所謂「九重天子詔，四海狀元心。」

未幾，朱明屆令，上帝敕龍師爲監試官，蟹鱉爲彈壓隊，小魚則著以五色衣，更爲役使，螺子則施以長袖服，充爲禮生。至日，禹門之下，舉鬐若雲集，揚鬚若瓦縫，圉圉然，唼呷然，百里外猶見夫昂首而欲躍也。俄而禮生郎甫畢一呼，金鱗鯉忽攸然於水族之中，潑水一飛，直凌三級；同類從而超升，什得五六。無腸公子未終跬步，苔滑墜身，自此穴地而居，恥前言之妄發。野鷄郎鼓掌纔跳，折失前足，自此萍池獨坐，慨狼疾之貽譏。赤白鱔微微少曲，未曾升了一級，身已落下泥塗。（二鮑性居泥下）登山魚洋洋初登，未能歷了一層，頭爲山石所壓。（故名曰「石頭魚」）海蝦相相實腹，矯尾長超，不覺尾反居上，首顧居下，會厭不能掩腹，胃間腥濁之氣，逆聚之於腦間，於是各低其尾而去。

山南叔曰：

此固游戲之文耳，而筆底波瀾，大言處酷似真形，醜容時依然本相。不譬如傳神一般，言之不怍者，讀此應知所戒。

一〇、漁家誌異

漁翁有一夫一婦，不詳姓字，亦不知其何地人。來寓于東海之中，以漁爲業，眞箇是：

夫携密網截江湄，婦把長竿坐釣磯，
朝借清風鳴棹去，暮乘明月帶魚歸。

又眞箇是：

朝向江心夕海門，勞勞忘却到黃昏。
魚舟換得多金子，燕夜攜歸裕米孫。

年近六旬，初舉一男，夫妻甚珍愛之。因厲夜網得一大魴，故命名曰叔魚，字曰河寶。年十五，其父欲廢家業，使讀書。叔魚乃問曰：「何謂讀書？」父曰：「聖賢言行，記在書中，讀之俾知所法耳。」叔魚又問曰：「書中有魚乎？」父曰：「否。」又問曰：「以聖賢言行而網得魚乎？（漁家之子，所見無非漁也。）」父曰：「言乃虛文，魚是實物，奚所執而能網乎！噫何其愚也！」叔魚曰：「書既無魚，言不可網，何讀爲？」遂不肯就讀。父母愛之，亦不終强。每朝飯畢，俟父母把網臨淵，卽向外疾走，或一日而歸，或二三日而歸。父母覓其行遊之處，苦不可得，始猶驚異問訊，後以爲常。一日，父從容謂曰：「二三日中，何人給食？所行何事？所遊何方？何其執迷而流連若此！今書果不讀，又廢家風，如此則終爲孟浪子矣。」叔魚對曰：「諺云：『有人此有財』，念父母老年而資斧貧薄，欲求一配，以代二位之勞，合作斂求，或者少興家業。第百年之事，焉可草草，故積日以細察其人，非敢爲遊子而終於孟浪也。」父以其言甚慧，不忍加責。經二三載，任其去歸。

忽一日，夫妻捕魚於海濱，所得多于平日，貪捕❶忘歸。及收網登舟，則籌人已報丙夜矣。天陰霜肅，迷了回程。忽見燈火遙遙，似有人家住處，夫妻相告曰：「去人不遠，曷不借一宿焉？」遂泊舟而上。纔近人居，聞家中言曰：「姻翁來矣，何不出門以迎之？」語甫畢，見一老父頷下垂二鬚甚長，（隱然魚須也）自門中出，火光裡笑容滿口，揖漁翁夫妻曰：「途遠夜深，更勞見訪，厚意何以報之！」二人不知所以，只從老父而入。坐間常話，少頃就睡。明日，漁翁求去，老父曰：「請必姑留，許臥雲行子婦禮。」漁翁曰：「臥雲敢問何人？」老父曰：「卽老弟之第八十九子也，（魚每生子恤數百尾）與令郎叔魚相遇於海濱，遂有朱陳之約。嫌猶幼小，未便乘龍，故源源而來，聽他寓鳳，于今已三年矣。擬於月底擇日于歸。」乃呼臥雲謂曰：「上坐者爾之舅姑也，如何不拜見？」臥雲拜曰。漁翁夫婦見他家富貴女，又嬌容，心中甚喜，但未知夫踪跡之何如耳。須臾進飯，漁家覽盤間列鼎，都是生物，鼎中游躍，有如龍之活動，有如馬之奔馳，有如兒輩之嬉遊，有如鷄群之相鬬。雖個個僅若指頭，而鱗角羽毛，耳目手足，無不各肖其狀。漁翁從所不睹，懼不敢食。老父知其意，微微笑曰：「泰山之高，滄海之大，物生其際，誰可周知？妙鬼輸神，運之奇爲，夕饍晨飧之品，此人之所以爲貴也。姻翁二位，奚畏焉，特少所見，故多所怪耳。老弟先食，敢請從之。」及下箸，則全是熟物，甘美無比，香氣異常。飯畢告別，臥雲親餞至泊舟處，向沙穴中大呼曰：「半京子，半京子！（半京是鯨字）借爾二人，送我舅姑回。」果見二人從沙穴中出，臥雲囑云：「今日波濤漲大，難把棹行，爾等必脫衣入水，一推舟後，一曳舟前，方可徑造。」二子曰：「諾。」於是手扶漁翁夫婦上舟，附耳言曰：「此方水瘴所充，入眼即成瞎眼，祈舅姑堅閉兩目，外復兩手掩之，不可開看，行做一刻，可度萬里之遙。」語訖，辭歸。漁翁夫婦依言合眼，坐于舟中，聽由二子推挽而去。去纔半刻，二夫妻微豁于縫開目竊視之，則天水相連，渾無涯涘，魚翩尾末，屹然百丈之高；波壓船頭，浩爾千尋之豁。前後二子，似人非人，龍鱗蟹口，獸面蛇身，浮沈上下，疾若行雲。六十年前，我是江湖之客，曾未見有如此境界，有如此形容也。夫妻怯去相抱而坐，（抱坐，此時必不起青陽之興。）做歷三霎時，聞二子大言曰：「已抵矣！」開目視之，果依然吾之故岸矣。夫妻喜極，遽離水而登。未及回言，已見半京子踏步而歸，瞬息間竟渺其迹。

回家向叔魚謂曰：「俗云：『智女求夫，智勇(男)求婦。』爾之擇配，予兩人已歷歷見之，洵所謂佳兒與佳婦也，第未知合婚者何日？居邑者何名？世譜之崇與卑，里路之遠與近，爾尙明說，予可及圖。」并將親歷之海界，與送回之異人，一一細述。叔魚曰：「居名島邑，譜曰海仙。從島邑至我東津，度之約一萬里，據冰人之傳佳話，月底的的婚期。」其父驚曰：「萬里則行將半歲，月底則纔隔三朝，如何如何，可以及事？」叔魚曰：「拙配有促地之術，冰翁無金帛之徵，如何如何，不可及事？」月底果見二人送臥雲于歸，視同人家，別無他異。從此一家四口，汎汎同舟，僅一布網于水間，所獲者全是嘉魚，頃刻，而舟中已盈半矣。夕沽槐市，價得高昂，家資漸漸致富。

如此已週四載，時秋七夕，其父告家人曰：「吾家已有隔宿之儲，雖一日閒，似無妨也。今夕牛女相逢，宜行乞巧之禮。」家人遵命，方拜祝間，聞傳言海面漲溢，水樹所下之處，邑里成空。相相出戶看之，則鴻濤捲地而來，縱然假得羽翰，亦必陷于水中矣。臥雲見勢頭甚迫，遽舉手一訣，疾呼曰：「變！」倏成巨魚，長倣千尺，豁約三十圍，鎭臥于水涔之前。漁翁夫婦與叔魚，急攀鬚而上，幸得無恙。逾一夜而水退，回視鄉鄰，其人畜室家，都都歸于白浪；而漁翁垣屋，宛然如在高原。於是臥雲執叔魚之手而泣曰：「妾本龍宮之女學士也，與君一遇，本期百年，豈圖禍自外來，非露本形，何以保夫家之性命？然眞機既泄，則合并實難，從今妾不得與君甘同夢矣。」遂拭淚而歌曰：

自從易服拜姑嫜，越月登君堂，百年歡愛日猶長。
何處何處黑風起，大海素波揚，皓（浩）皓（浩）湯湯。
此時此勢，不以身當，則我姑嫜則我良，實乎鱣鮪之腸。
天機已露，又恐貽父母之殃，安能安君床？
叔魚郎！叔魚郎！天一方，念念我心腸。
窗前不管窗前月，分付梅花自主張，彼蒼彼蒼兮彼蒼！」

歌終三遍，乃吐白沫一大點，授叔魚曰：「郎今長別，聊以贈我良人，（能促地、能變形，豈無至實以運其術？意者唯此白沫則利於漁人，故以贈之耳。）和鹽水而飲之，即入水不沈，永無水厄矣。」倏忽間化龍，從西北方飛去。

山南叔曰：

古來之邂遘亦奇矣，以島邑之海仙，為東津之漁婦，羽翼甚不相宜也。乃泳之游之，方之舟之，驅嘉魚而納諸網罟之中，僅四載，驟能致富。迨運逢習坎，身捍夫家，竟恐貽父母之殃，乃自割夫妻之愛，悲歌怨慕，孝義兩全，讀遺歌而想見其人，世間焉得有如此婦？彼挾富貴以驕其夫家，可以人而不如魚乎！

【校勘記】

❶「貪捕忘歸」原作「貪歸忘歸」，文義未暢，據改。

一一、聾瞽判辭

予在東宮之時，偶一日，觀風于野，見聾瞽二者，以位次相爭，日出而言，日中未決。予使人拘來而問焉，曰：「爾等皆稱廢疾，何高下之足言？胡乃競短爭長，久而不決如此？各陳所見，予爲臨判焉。」瞽者聞言，率而對曰：「扐揲靈宗，吾祖之生，厥惟舊矣。自伏羲受龍馬之圖，封爲太卜，爲天下定猶豫而決嫌疑。及黃帝作咸池之樂，立爲樂工，爲天下正聲音而調律呂；開闢以來，嘗兼二職。嗣後居于樂府者，固世世稱之曰太師。至如太卜，則又繫乎古今運會也大矣。君不見夏禹總師之命，由吾定之；盤庚遷亳之謀，由吾決之。得太公於渭水，藏寶策於金縢，非吾乎？營洛邑以朝諸侯，徂東山而安殷衆，非吾乎？歷虞及周，位居六太，聾則無官也。雖秦氏之坑焚，而吾書存於博士，吾職列在朝班，其得君也何如！及漢興，文帝、賢天子也，大橫之兆，特判王疑。當王莽之時，吾一起於邯鄲，而天下爲之響應，其得人也又何如！聾者又安能與吾爭乎！」

問及聾者，聾乃以目覷予而言曰：「天下之君，一家之主，其至貴者乃聾也。天下之願望而不可得者，亦皆聾也。彼區區於一官一職者，何足較其尊卑哉！」予聞言而異之，叱曰：「糊說爾，何以言之？」對曰：「爲君如虞舜亦足矣，乃詢岳而達四聰，汝聽以正六律，非聾而何？凡居乎天位之上者，有諫諍以爲耳官，非聾而何？或有不然，則垂注纊以蔽之，非尙于聾乎？不聾則不能作家翁，又非所貴于聾乎？況乎是非之說，付之不聞；讒佞之言，何曾入耳？兀然而坐，目以視之，浸假舉天下而皆吾也。耳屬晃詩人之怨，道聽無孔聖之懲，浸假舉天下而又皆如吾也。心會神解，聽於無聲，青蠅之士不行，歌唱之家不設；日用飲食，直道而行，不尙乎辭，縱有利口，亦何由以覆人之邦家也，寧非天下所願望而不可得耶？人無毀譽，風無是非，吾將見其聾于官也！」予聞言畢，拔筆判云：「諺云：『百聞不如一見』，書曰耳目，易繫坎離，聖人命字，先後可知。角龍氏以司火，列在官常；漢時廉吏，重聽何傷。若夫瞽者藝成而下，小道可觀，而君子不爲也。」

山南叔曰：

卜者之言，確有實狀；聾者之言，均是虛談。第據由言中而判之，則瞽者僅供一職，聾者能致治平，功烈旣是懸殊，卽品列自形霄壤，不待辨而自明矣。又按聾者於經傳不多見，乃裒拾成文，言皆切實；旁引借證，事若有徵，一看令人噴飯。洵所謂天衣無縫，針線有妙；聖王一筆，點鐵成金。

一二、玉女歸眞主

玉皇上帝晚生一女，花貌雪膚，良工難傳其神態；琴聲畫意，小技未盡其才能。假生鬟髻，則魁元之選，又必居其列也。年及二八，名之曰玉姊。（言爲玉之姊也）開一樓招壻，名曰待鳳樓，聽普天之下，自來應選。

山神聞之，私自念云：「山既高矣，何者非卑？鳳樓中選，非我其誰？吾而得玉姊也，視如一菩薩佛，日坐于蓮花上，拆禱焉，玩弄焉。居則爲鳥獸之主君，出又爲玉皇之駙馬，尊榮何如也！」於是乘白鹿車？望天門而去。水神聞之，會群鱗而議曰：「水則就下，物皆然也；射雀之屏，非吾誰可？吾而得玉姊也，當作一海珠宮，夜置于鮫錦中，品藻之，拂拭之。水族既吾之臣妾，天上又帝女之主人，光顯何如也！」於是騎金鱗馬，撥水路而升。相遇於玉門外，雙雙而入，一黑而高，一白而卑，龍廷拜訖，並立參差。

上帝使侍衞傳聲曰：「二賢何在？姓甚名誰？來此何幹？尚明告之。」二神前對，各稱其姓名，且曰：「聞陛下開待鳳樓，二小臣雖無九苞之美，七德之稱，然手段高强，亦不減太平之瑞，第未卜三生之約，陛下之中意何如耳？」玉皇乃假容笑曰：「朕撫有萬方，尚存一女，欲得才術之士，少可相當者，卽以歸之。二賢有何神妙，俾朕一一見之乎？」

山神聞畢，卽搖手向空，指點御前宮闕，變爲岡陵。縹緲碧峰，分明群玉，有珍禽之飛集，有怪獸之往來，不徙步而氣象已萬千矣。俄而鬼哭神號，山鳴谷應，有虎之嘯，有熊之經，有口神又舒舌一書，則門戶亦依然而如故。玉皇亦首肯曰：「妙才。」水神亦掉舌向外一書，萬戶千門，倏成湖海，如旗，或鼓鬣而成雨。俄而魚龍寂寞，錦帆泳遊月中；而五色騰空，歌女紛紛，耳得之而爲聲，目寓之而成色，頃刻間而變幻莫狀也。玉皇乃首肯曰：「妙才。」山神又舉手一搖，則宮闕復依然而如故。水神亦掉舌向外一書，萬戶千門，倏成湖海，爲兼天之白浪，爲觸地之鴻濤。一決波頹，山失千尋之立；三千鯤躍，水懸百尺之中。或發火而如旗，或鼓鬣而成雨。俄而魚龍寂寞，錦帆泳遊月中；蓬宮隱隱水上，而八音迭奏，歌女紛紛，耳得之而爲聲，目寓之而成色，頃刻間而變幻莫狀也。玉皇亦首肯曰：「妙才。」水神又舒舌一書，則門戶亦依然而如故。玉皇意下甚悅，敕賜二神坐于左席，賜茶。

能吞象之蛇，有翼若垂雲之鳥。左右侍側者，聞之似不忍聞，而見之若驚見也。

二神方懷德色，急見門外復來一人，龍行虎步，舜目堯眉，靜重有如山，視若營四海，平立廷前。侍衞大言曰：「尊嚴之地，何等人、何等人？如何不拜？」其人拱手對曰：「鳳樓應選，既非朝賀之儀；雀目未穿，敢作婦翁之禮？臣願玉皇姑寬之。」玉皇聞言，心異之，賜坐右席，從容告之曰：「左席二賢，皆鳳樓入選之人也。江山信美，才術又高，天下之第一人也，東床之貴，非此其誰？子有何等才能？而敢與此二賢相爭乎！朕甚笑子之不智也。」其人從容起而言曰：「陛下誤矣！山川鬼神，特其間一物耳，舞智誇才，何足數於天地之間哉。盍不觀卓然自立，而仰止者惟恐後；量若海涵，而來朝者爭先歸。天下才智，皆一人之才智也。崧岳降神，願作維皇之翰❶，河流允翕，孰無効順之思？其或山間兎伏，海際鯨揚，命泰山重望之臣，進東海待清之將，布陣得常山之勢，行軍如江漢，而山可拔，而陵可夷，而水可平，而流可斷。迨夫山河永奠，徒見高清，泰黃垂帶礪之盟，岳瀆舉公侯之禮，因名山以升中于天，加海外而咸莫之抗，天子治其外，后治其內，山殽海錯，享天下之珍甘，視一勺而自多，一卷而自大者，果何如乎？」玉皇大悅，上其手而言曰：「佳壻佳壻！不聞吾言，則朕幾爲弄巧者之所買也。」左席二賢聞之，呆了半晌，遽捨車馬而徒歸，不敢復議婚者。

山南叔曰：

滿崖瑤草，突如負甲之龜；一洞深溪，中似含珠之蚌。夫孰非婦人也耶？乃山魈出奇，馮夷獻巧，而終不可得者，蓋徒騙人以衒耳。及聞真主之言，非惟駕二神而上之，終之曰「后治其內」，「享天下之珍甘」，則玉皇宅相之心始定矣。所謂千里來龍，結穴一點者，的的是！

【校勘記】

❶「維皇之翰」原作「維皇之幹」，據文義改。

一三、孝弟二神記

山北有阮子卿者，父母先亡，唯有一兄。迨壯年，兄嫂繼沒，唯留一姪，子卿視如子。家雖貧白，而和睦之風裕如；三世讀書，而未有所就。時年已四十七。

一日外出，日暮始歸，中途風雨大作，不得已向野外廟住焉。又恐空原曠野，棍徒往來，乃身捲一席，入廟板之下潛臥焉。雨濕寒侵，不曾合眼。至夜半，風平雨霽，月出微光，忽見廟中燈火輝煌，整陳殽核，有五人從門外入，文靴金冕，列坐其次。子卿從板下竊窺，座上宛然有吾兄在也。心知其爲神，遂靜坐以觀其所爲。俄聞座中一人言曰：「酒中宜以屬詩爲樂，先後以爵，如不成者，我共罰之。」五人莫逆，一人先吟云：

一縱復一橫，十字最分明；字下加一畫，土字出何經？

一人續云：

一縱復一橫，十字最分明；字上加一畫，千字出何經？

四人目相笑曰：「似不合式。」然姑許之。次及其兄續云：

一縱復二橫，千字最分明；字下加一畫，王字出何經？

次一人續云：

一縱復三橫，王字最分明；字上加一畫，主字出何經？

終一人續云：

一縱復四橫，主字最分明；

得二句不知所續。四人大笑，群酌罰之。子卿在床版下，不覺技癢，代續云：

字旁下一畫，玉字出何經？

讀甫畢，其兄凝思曰：「何其聲之似吾弟也？」急呼曰：「吾弟子卿！」子卿在板下，卽趨出，抱兄大哭曰：「噫兄安往？使弟孤單，二十餘來，暗淚長流，何幸今夜方得一見也。子姪現已長成，願隨兄去矣。」四神見之，漸漸沒影。

兄乃謂弟曰：「此處特偶遊耳，宜歸兄所。」於是相携出廟門，乘雲車，行倣半刻，到一處，見樓臺數簇，下車共入。坐定，謂其弟曰：「我死後，上帝憐其生平事親無過，而前身不得與祿，故封爲山陰之神，此的其祠宇也。又嘗南稽南曹朱簿，弟以事兄如父，養姪猶兒，弟愛出于丹心，亦得封爲山陽之神，千秋香火，萬年血食矣。」子卿因問曰：「諸神相會，有何事故？」兄曰：「今年正值鄉試，去日天庭懸榜，群來觀之，偶相遇耳。」弟又問曰：「今科弟與子姪有登榜？」兄曰：「侍從在側，耳目甚多，天機安敢泄露。且我兄弟雖是至親，然陰陽雖(總)是隔別，暫可相對，不可久留。弟姑卽回，十年後正月上元日，對峙往來，敍歡之時猶多也。」乃屏左右，解錦囊，取二封交子卿囑曰：「弟之命蹇，兄亦何能，三月來極力謀圖，僅能成其子姪。玆有二封，弟宜密藏，每到場前三日，照上字誌，令子姪熟讀，卽可小登第。天律綦嚴，若使他人知之，彼此皆重千矣。」囑畢，呼曰：「元英元英，駕彼雲軿；行跡風輕，送還子卿。」子卿乃泣拜而別。

漸至天明，忽不見元英所在，而已身現到本門之前。乃叩門而入，不露其事。俟至場期，一依先兄所囑。是科，一子一姪果中庠生，家貲自此稍至富厚。至十年上元前一日，會子姪明告其事，言罷而終。迄今武寧山有阮生二祠，頗存靈異。

山南叔曰：

孝弟之關於人也大矣！聖王之取人莫先於孝弟，卽鬼神之享祀，亦取乎孝弟。彼不孝不弟，曷不鑒諸此乎！

聖宗遺草　卷下

一四、羊夫傳

清溪婦初生二女而孀居。其少女已適于人，唯存一長女，年方十九而母沒。鴈信甚多，女皆辭以家無承乏，不可冒喪而同歸，必待喪闋，方敢議婚。葬母畢，以依于族叔爲名，然遠居一室，日以針綿爲業。其朝夕奠，哭泣極哀；卒哭既然，小祥亦然，繼而大祥又無不然。聲傷骨立，聞之者與見之者，皆稱其孝。

三年既免，適値清明節，乃買紙錢，親行省掃之禮。念日月之如梭，纔倏忽間，親母之聲容何在？對此一堆青草，精魂今已何依？其傷心何如也！況今年已二十一歲，女子難可孤居，春園必將有主，則來年登墓祭之者，又有何人？其感心更何如也！憂懣百般，脉脉不得語，墓前涕泗，不覺日落而方歸。途間，見一小羊，毛白如雪，不知誰家之畜，偶然落尋，女行過此，卽步步相依，麾之亦不肯去。迨至家，則深入房中。女愛其毛色，以竹葉飼之。物性甚潔，每日食羅（罷）則高臥淨地，夜則伏于房間。

忽一夜，化成男子，起登于女坐床。女顧見愕然，似有懼意，趨避床下，疾言曰：「四月來，果是羊也，倏一夜，何乃人乎？意者其鬼乎？抑爲羊妖乎？」女有正氣，欲持坐上之縫尺來打之，男子從容言曰：「我非鬼也，亦非妖，玉皇參軍吏也。不幸失足，破了一沙金花，玉皇震怒，謫下塵寰三十年，然後復職。念與卿相會于幸花園者屢屢，原有夙緣，故託爲白羊，以相從耳。奈何更有懼意？」其女聞言，若悟于心；正目望之，則宋玉攀花，潘郎擲果，亦不足以比其美也。情中微動，乃向男子謂曰：「前身誰則知之？即今人或聞知，從前冰玉之姿，不幾汚于一夜乎？若果有夙緣，胡不托爲生人，五禮略完，即百年偕老。何故晝爲人畜，夜成夫妻，浸假有震風之祥，不幾羊夫與羊子，買一笑柄乎？」男子遂笑曰：「我是物精，卿稱花主，天家成偶，感處以情，豈如莞簟既安，遂占熊羆之夢哉！」女聞言畢，遂相近焉。以過時之女，遇陸地之仙，歡愛之情，比人家更逾幾倍。眞個是：牛女隔年逢七夕，鴛鴦交頸宿連枝。相抱而臥，漸至天明，則復是一白羊也。如此者經三年。（女必多竹葉飼羊，望其肥大。）其女自受物精，線針日巧，豐姿日嬌，吉士之求者日衆，女皆託以齋居終老，以奉香火，永不適人。客以百計騙之，皆不可得。時邑中少年，有秣馬之情而不遂，乘夜潛來，欲迫狎之。至門外竊窺，見夫(女)與一男對坐，以爲姦夫，因懷怨心，欲因勢就勢，急歸率家人來捉之。比至發門，只有一羊一女而已，其人大慙而去。

忽一夜，羊夫獨坐，不肯就睡，甚有悶悶之意。女故問之，羊夫答曰：「我與卿相聚期三十年，使卿骨冷而氣清，即脫化飛昇，長享天家之樂。詎意受責之後，玉皇念我祖有麟經秉筆之功，寬其後嗣，遂以一當十，算三十六個月，蒙得限消，屈指籌之，今夜爲初，歷二夜，至三夜，是長別之期也。白色柔毛，永不臥于卿花庭內者，雖天上固可樂也，第情中寧可忘哉！是以悲。」女乃執手而泣曰：「妾聞夙緣之說，甘蒙不正之名，于今三年矣。丹心專一，將圖百年，上報生育之恩，中盡枕衾之義，如棄我去，再醮則不全其節，孤居則焉保其身，即無道以終身，寧以魂以(而)相配。」乃投身于羊夫懷中,奄奄僅存半息。羊夫低徊良久,扶起其女,附耳連呼,少頃女醒,羊夫乃謂曰:「容我熟思,或可以相從否乎,何爲遽怨懟之深也。我迫于玉皇之命,安敢姑留!嗣後有念舊情,於淨夜密室中,仰天祝曰:『參車仙吏,花野亡羊,令我傷雲鄉,渺渺是雲鄉,姑姑謝玉皇,謝玉皇,故義何可忘!』三遍,即我至。」囑畢,探懷中一丸藥與吞之,倏爾不見。女知事無可奈,忍淚而已。然每誦祝辭,即無不應。

經四月,其女乃病,知勢不免,呼族叔明言其事,言訖而瞑。及至葬日,棺中多踴躍聲,擡不能動,衆啓而觀之,見一黃鵝,口含花枝,刺天隈而去;棺內唯存衣衾與俗骨數莖而已。

山南叔曰:

讀羊夫傳,然後知滿天地間,凡飛潛走伏,盡是物,何曾是物!或前緣之未了,或宿怨之未消,有託物以相邀,有脫形而幻化。如青鳥是西王之使者,黑豕為秦檜之前身,令威之鶴,白龍之魚,古今來固不絕其有也。吾心存心細察,安可以物視物哉。

一五、塵人居水府

武寧山有一士，稱爲通儒。嘗續樂府詞有云：

夜半未深催白晝，日中纔過已黃昏。
廿年望幸無成算，除却羅幃託夢魂。

風風雨雨不相疎，試問春心幾似渠？
小立庭皋南浦望，孤鴻無力送來書。

並蒂紅蓮並蒂梅，含情相對曉風開。
白羞冰魄紅羞臉，羨爾天工著意裁。

天邊雙雁水雙魚，雲雨來時得意餘。
尾接東西纔咫尺，物情閒適也何如？

幾簇樓臺縹緲間，秋風無力達重關。
空勞粉黛修空意，安得此身生羽翰。

三株樹上宿鴛鴦，牛女橋頭徹夜光。
作合愛他歡會處，秋宵猶怨未為長。

鏘鏘鳳侶和鳴處，寂寂鷄窗獨旦時。
料得紅顏多分薄，強斟梅酒讀仙詩。

鎮日思君不見君，紗窗孤倚到斜曛。
揮毫欲寫銷愁句，誤筆翻成織錦文。

凡八首。時有副榜官甚爲賞識，拔筆評云：「柔情妙語，娓娓動人，可令二八女郎，曼聲低唱，以銀箏檀板節之，曲終當浮一大白。」又嘗詠孔門諸賢名十首，每句當一名，姑錄一首云：

田獲三狐便弛弓，江樓歸臥學高風。
山妻喜問來何早？機上停梭計女工。

又所居東鄰有無道之婦，因作孽婦賦，其詞云：

維彼孽婦，可惡哉！亦可懼哉！詩戒「傾城」，易曰「勿娶」，古人之言良有取也。先觀其人：鷺足消枯；豺聲喑啞；膚如凝土，鑪中鑄就之良工；（鐵皮也）唇不傳紅，松下灼成之使者；（墨名爲松下之使者，言其唇黑也。）凜嚴霜于滿面，皋陶削瓜；（面如藍）積秋露于雙眸，荆公飭詐。（眼白也。）細緦其心，乃獸乃禽；屛間掛劍，笑裡藏針。不愛鏡中之髮，（妬性也）多迷壁外之琴。（淫性也）合周褒商妲為一人，且堅而忍；幷漢呂唐韋之肆虐，即刻而深。其事親也？夜不定席，晨不佩觿，常忤目以相視，或反昏而相稽。秦人碎語之風，形諸取帚；曾妾欺心之態，每見蒸藜。其於夫也：安榮相聚，貧賤相離，不顧三生之義，惟思一己之肥。半同脫輻之車，時相反目；偶得臨前之案，舉不齊眉。於家人也：勢若參商，待同芒刺，貪婪而計判毫釐，讒間而屢生嫌隙。以薄為道，忍更忍於豺狼；不貴而驕，毒愈滋於虺蜴。且夫必敬必戒，采蘋采蘩，端莊靜一，德行工言，是百世事人之法，而萬化從出之原。況父母舅姑之德，生成鞠育之恩，夫子為終身之仰望，家人為立愛之根源，云何泯泯，竟爾昏昏。嗟夫！事親者且如此，則等于親者可知；在夫者且如此，則薄于夫者可推；家人且如❶此，則旁及鄉黨，下至奴婢，其不尊也幾希！

時有舉人公見之，最愛其文，批云：「畫筆僅能傳神，而文筆幷傳其心。不特鑄詞，且能針俗。擬應一邑，各掛一本，以爲天下之孽婦戒。」其詠史有云：

夜半關山曲，秋深遠別情。
那堪身百戰，挑下淚三聲。
觸念鄉心重，勤王壯志輕。
笑看諸將略，不及一簫鳴。（詠雞鳴山簫。）

一飲垂恩亦偶然，如何埋玉瀨溪邊。
沽名女子還輕死，萱草堂中正老年。（詠瀨溪女。）

勉陵愁對劍光生，飯信陰資馬業成。

口授蝌文傳姓字，身當猛獸作干城。
長安抗疏能全父，漢史成編善繼兄。
渺渺一身誅兩將，刁嬋到底亦能兵。
（詠漢女。）

成敗天心未足評，三軍貔虎此先聲。
黎民未盡從新政，豪傑猶知戴舊情。
一勝乘風驚北寇，長驅指日破東京。
却憐簡定傷讒口，忍壞當年萬里城。
吁嗟乎君蔽臣諛，將才謀略竟成誣。
重興事業付流水，一陣風雷亡帝圖。
今古顛危由暗主，英雄追恨幾逋姑。
（詠逋姑捷）

奔播流離及蔡茄，千鈞無力挽東阿。
文猶戴宋終無愧，天不昌劉且奈何！
一戰義聲明日月，百年壯氣作山河。
胡兵半潰猶全勝，石紀勳臣永不磨。
（詠蔡戰）

路遙遙，水滔滔，蘆中佇立望何勞。

前路追兵已將及，亡臣性命輕如毛。
漁舟天際來何自，二曲清歌解人意。
泊岸停橈渡將軍，乘風直低西江津。
回思昨夜將軍降，認來今日果斯人。
濟了含情自不言，辭劍高風萬古存。
吳楚分爭經幾變，至今猶說丈人村。（詠漁丈人）

又嘗戲爲老人代擬留齒賦云：

余積算馬，初得甲子二百八十八，齒空而闊，將脫而落。始以猛勢加之，於彼何哉；（以北辛細北五味，搗丸塞痛處，不效。）繼以美味誘之，莫我肯顧。（以牛心❷合豬腎煮粥食，亦不效。）床間偃臥，（床、齒床也。）既欲去而仍留；縫裡旁穿，（縫、齒縫也。）乍微搖而痛苦。自春徂冬，為計已窮，遂叩三聲而告之曰：「子來前，予為子列之。噫！始終相恃者，孰如吾之與子哉！憶吾出父母之懷，纔經八月，子從何來？（凡男子八月而齒生，八歲而齒齓。）寒酸交作，日夜啼哀。歷八週星，子又不寧，鼎新革故，裂膚以生。年三十載，子生乃齊；交成利刄，美者瓠犀；植本不搖，堅剛莫比。達居天下之尊，禮有燕毛之序。予心愛惜，飭以金碧。雙唇蔽，懼子之寒也；終朝漱，懼汚之積也。不為孺牛，恐其折也；不貪濡肉，恐其決也。炎涼付之世態，子不煩于掛也；原薄付之人情，子不勞于啓也。一飲一食，與子如一，奈何吾力未衰，子將安歸？口成乃字，矧留空皮。（矧，齒床也。）不念昔者，何忍如之！不然，時可以休，願脫予勢，以代子留；不然，勇無上指，願秃予髮，以堅予志」。齒神聞畢，切馬若失，齟齬陳辭曰：「予情屈，而今而後，戒無女傷，開門永豎，左右陳行。詩詠殘牙，佇食紅綾之餠；頌稱兒齒，更兼黃髮之祥。庶幾哉！培其本，填其根，上蔽雲鬟，下固真元，三壽作朋，子無怨心矣。」時有教授員，深加獎嘆，評曰：「此篇一字一句，皆用齒典，不惟見其學博，且從血性中流出，言言袞鉞，字字箴砭，當令齒神効力矣。」

却說此士，文思雖高，然家貧甚薄，四方餬口，把筆硯以資生。時平吳後三十一年夏六月，訪友于山明芳舍，乘醉夜歸，過瀉江寧祝橋。愛其風涼，遂向橋中板上假寐焉。是橋自崒洞交鋒之後，鬼雄成羣，白日中人每見之。士自北來，出于不意，睡至半夜，聞橋頭橋下有諠鬧聲，開眼視之，見衆鬼相聚，或半脚，或無頭，怪狀奇形，往來多是不具。羣來大呼曰：「生人氣在，我共肉之。」其中有大鬼止之曰：「僅僅一塊生肉，安得潤及百我之臉，不若舁回水府，獻于將營外取賞，不亦利乎！」衆鬼以爲然，於是或抱足，或擡頭，或鞭其背，或纏其喉，擁擁簇簇，開水路而下。少頃，至一處，則環列茅屋，中起樓臺，隱如大將軍營。衆鬼置此士坐于門外，曰：「姑坐此，俟我等呈功。」士懼甚，合眼而坐，以爲必死，待時而已。

俄見二鬼，手持皮鞭，打于士之背曰：「入而拜見！」遂引士從門外入，立于中庭，曰：「將軍在坐，應行四拜之禮。」士拜訖，正立。忽見一人首著虎皮冠，腰掛大羽箭，從堂上趨下曰：「噫噫元孫，汝居何所？今從何來？」一枕清風，幾幾乎實餓鬼之腹乎！」泣下如雨，携士手歷階升堂。士不知所以，喜懼交并，遂從而上至中堂。坐士于左邊文几上，指侍卒曰：「取黃酒來，令他壓驚。」瞬息間，侍卒捧來，乃手酌三大斗，謂士曰：「飲此方可定魂。」士飲畢，於是從容言曰：「汝記之乎？我非異人，汝之祖也。我因清白累傳，又値中原無主，賦繁役重，仰俯皆不如心，不得已❸焉輕身以從王都護，（即王通也）荐立大功，得封爲統軍使上將。及黎主起義藍山，屢使人誘我歸順，封以王爵。我泣送使者曰：『藍山洞主仁愛才明，洵眞主也。第臣已失身于王通，君師義不可背，令貪富貴而蒙不忠，如此等臣，凡人所甚惡也。欲城而邇姦，先大夫尙以爲不可，況聖天子乎！臣甘萬死。』使者歸奏，黎主器而憐之。時我以老將承命，擁兵於喝江，以禦上道，親兵凡三千人，及諸道巡守之兵，不下數萬。將非不智也，兵非不彊也，但天既興黎，誰能語勇？與黎察等戰于崒洞處，爲他所陷，無貴無賤，俱入江中，逃生者僅十人而已。我死後，上帝哀其智而且忠，許復舊職。奉玉皇硃批，有一句云：

誠真人于白水，旣嘉馬援之明；
甘苦戰于蜀都，更守（或作取）嚴顏之節。

此民庶、此江山，吾得主之。將令非不嚴也，但餓鬼寃魂，彼皆落籍，每每於陰天暗處，人畜過此，群而食之，邇來陽人嘗指爲鬼地矣。何幸天從人意，汝不爲夜叉下酒之物，而黃泉深辟，孫祖得以重逢，寧非吾家一大清福耶！」士聞言，始悟其爲三代祖，離几泣而拜曰：「自風雷一陣之餘，子孫懼其禍及，離親去墳墓，散處天方。及天下已平，每向江頭，庶覓遺骸所在，焚香而招楚些，問卜以質有無，無奈血川山骸，杳杳絕無憑據，只得遙天吊祭，暗淚隨流。小孫初生，見于譜記如此如此，今而後始知吾祖生而爲將，死則爲神，精魄忠魂，非如他將者比，則花臘香骨，下落必有其方。」於是將軍乃傳令灑掃書房西廡以居焉，名之曰官孫。

居得半載，辭于祖云：「孫今生二十五歲矣，父母雙亡，未成配匹，家門貧薄，下無次丁。雖豐水澤深，別得祖孫之樂；然蘭庭風謝，誰司香火之傳？烈祖旣光於前矣，豈無以裕於後乎！伏望開還陽之路，以俟冰期，則宗姚（祧）❹旣有其人，風聲方能不泯。況祖宗靈爽，憑藉者又多乎？」祖沈吟半嚮，曰：「我稽汝命，有曰：『離陽三歲，水府成婚。罪亥已盡，再許還魂。三十八年，子名初起。蘭桂成行，永膺福祉。』數定如此，寧可違天乎？汝姑安心，我自有措置耳。」越一月，忽見鬼卒四人，舁一少艾，獻于營門，將軍傳令重賞；鬼卒納女居于東廂，爲製新衣，成禮服，擇吉日，設酒筵，命與官孫行交拜之禮。禮訖，移于西廡合居焉。

原來這女，貫在武寧山旁邑，與官孫舊有訂婚，但官孫因貧，未能成禮，然往來積歲，眉目久已相諳。其祖逆知如此，一日，女渡過天德江，祖令鬼卒沈舟，擡回水府，餘人悉令暗援，無一溺者。及至合婚日，女見官孫，心中惶惑。至夜間，枕畔細問曰：「妾聞前半年良人睡于寧祝橋不返，家人遍求，不見其踪，皆以爲宿于鬼地，必爲鬼餉矣，何故復于此結緣耶？」士一一爲述之，女心乃安。歷二週星，再占熊夢。女性和承順，其祖亦心愛之。

居無何，見二羅卒拜于營外，報曰：「本處上流，忽見鐵網密遮，水流卒辣，鱗甲輩不能遊過，遇之者儘皆死傷，二小卒巡羅至此，幾乎喪命。」因叩其由，皆曰：「巡守參軍鯽大人愛岸上林間有二嘉樹，潄水欲奪之。桂林公主震怒，布鐵網以捍之，驅惡獸以禦之，且折桂樹細搗，而和于水上，凡水類遇之者目瞎，呑之者心斷。浮水而死者，不計其數。二小卒親見如此如此，敢據實以呈。」將軍乃召官孫問計，（必其人智慮可以參謀，故召問之。）官孫對曰：「小孫聞國老可以解藥毒，伏願烈祖俾鬼卒裝作生人，向市中買甘草數百斤，俟桂水流過，穠散而和之，彼味雖辛，安能爲害！」其祖依言，鱗甲諸蟲，果無傷損。

烏兔升沈，無幾而官孫之期已滿，祖乃親來報曰：「喜爲君，喜爲君，出幽谷而見天日，後寒多而有陽春。繼今夜，而二夜，而三夜，君之罪債前寃，幸幸乎滿果。還陽之路，吾爲子籌之。」官孫聞畢，泣而拜曰：「嗟嗟烈祖，貽謀固遠且深矣。第小孫還陽之後，將何以昭我祖之忠烈，而伸孫曾之孝思哉？」祖良久乃曰：「我之氣節，與此江山、此宇宙而俱長。但爾既有此丹心，則本津離岸五十步，土星左角，草秀而花，此下是香骸之所在也。爾四十前後，許於墓前渡次，建一小祠，兩楹寫一句云：

往不須題，清潔生心如白水；
悔何可及，精忠臣兮有皇天。

如此足矣。且王法甚嚴，不敢洩漏，爾於第五夜丑時，俟於滄江橋畔，聞兒哭聲，是爾之妻子也。」語罷還宮。

至日，召官孫至營，傳令取來時衣裳親著之。須臾，命合眼而坐，只聞耳邊如潮水洊，如風雨聲。少頃熟睡，不知時刻久近若何，及開眼時，則東方正白，而吾身臥于橋中板上。起視其處，又的的是假寐於初年。臥間見白紙一封，啓而視之，則精銀五十兩，中題曰「統軍使」，心知其我祖之所遺也。於是收拾擧行。離岸五十步，果見一土星，依如先祖所言，一水之弦，兩邊屏障，君子亦有情乎？洵藏受一福地也。細認再四，然後布大武，擧長脚，問征夫以滄江之路焉。二日强程，方到伊江橋畔來。日暮飯畢，卽靜立於津次以俟之。至鷄初鳴，見上源流下一筏，如方席，上蔽青蕉葉，中有兒啼聲，手挽啓而觀之，則二子臥旁，山妻熟睡。喚而醒之，問所從來，則茫然矣。問我祖別有囑乎？亦茫然不知。三十月以還，祖是何人，居是何所，只是聞得耳邊語響，忽然如夢覺之魂，（意者回陽時，其祖必賜飲忘粥故耳。）開目視之，識得吾良人而已。於是扶登岸上，相相回武寧故宅。鄉黨與岳家見之，或驚或愕，莫敢近焉。交相告曰：「此則寧橋牢睡，已爲餓鬼之醬；彼則德水漁舟，久奉馮夷之帚。何故竟成夫婦，再占熊羆？非是妖人，卽爲厲鬼矣。」官孫乃托言曰：「我於某年月日，宿于寧橋，爲棍徒捉去，密置東房，使掌日記。僅半年，倏然見一人，挽一少艾，自云：『于天德江次，見一流屍，吾本援而埋之。及擡上，則微微若存氣息，吾以藥餌之，改日復甦，如欲取者，易以十五兩。』棍徒愛我日記稍通，若孤居則恐其夜遁，故買此女相伴以留之。」

誰後，吾又爲之說曰：「忠孝之報亦奇矣，官孫不逢餓鬼，則風雷兵火之餘，以上將之身，將指爲客地之遊魂，而三百餘骸，必葬于波心之魚腹。岸邊孤塚，誰能誌之？（後日，官孫立墓道，題其上曰「水府參軍神墓」。）江上靈祠，誰爲建之？卽萬年血食，何由封而表之？（鴻德間，封爲本土福神。）故曰：『不有其祖，何以裕後？不有其孫，何以光前？』」

【校勘記】

❶ 原作「如如」，衍一「如」字，今刪。

❷ 「心」，原作「必」，據文義改。

❸ 「不得已」下有「不得已」三字，衍文，今刪。

❹ 「桃」，原作「姚」，據文義改。

一六、浪泊逢仙

予潛邸時，愛城西鏡水八景極清，溯狐精之餘靈，眄參鳥之往還，夜月明霽，每每乘一小艇遊焉。嘗作一浪泊湖賦。（記在後）又有西湖懷古賦，令府中學士鬪勝。間取一律云：

石山一陷，西湖成趣。此地此遊，而今而古。山光杳其遠呑，潭瑩然而下俯。靜一色於涵天，含萬衆於遠浦。嗟風景之宜人，問煙光其誰主？值八月之清秋，泛小舟以閒賞。月瀲灩而浮光，風熹微而送爽。遠笛忽聞聲，漁翁為誰唱？而悽愴，而嘹亮。泣孤精於寒潭，隳風鳶於霧瘴。嫋嫋餘音，聲停水漲。胡其為然？今人俯仰。嗚呼噫嘻！吾亦聞之：昇龍巨鎮，前朝都茲；愛此名勝，屢邀旌旗。當李朝之全盛，汎樓船於漣漪；偉漁翁之壯烈，弋虎形之太師。暨東阿之方競，有植蓮而賦詩；屹釣臺之嶸屼，壯行容之參差。當日(此)之日，天下治安；乘事勢之餘暇，時臨幸而盤桓。褫伏波之餘魄，洗仙女之愁顏。金牛附駕，鸞鳳扶鑾；鷗翔碧浪，魚躍文瀾。日浮波而爍爍，影沈壁以潺潺；五老獻圖於水上，金人捧劍於波間。固一世繁華之盛會，為名湖山水之壯觀。遊賞未已，煙塵忽起；英雄一去，豪華盡委。一泓清水，變腥氣矣；萬朵飛花，成舊翠矣。麋鹿朝遊，日臺毀矣；梟雁歸宿，花亭圮矣。曾日月之幾何，忽代謝其如此！洒餘淚於漁樵，將寄悲風於鼓吹。嗟乎！風其倏忽，星物變移；江山猶是，風景已非。豈盛衰有數定，將清濁其人為！苟不淫于遊佚，亦何事於平陂。迄今百世之下，思百世之時。渺烟波之萬頃，剩明月之一輪；問前朝之舊事，嘆遺老兮何人。斜暉愁緒，雅調曷伸？歌曰：

　古今桑海兮，世事浮雲。
　贏輸幾局兮，是假是真。
　蓮花忽謝兮，榕樹生塵。
　江山留勝兮，迹已成陳。
　思情幽寂，假寐芳津。

有客揖予而言曰：「君不見昔日林間一石山，變作清潭水千尺；又何怪乎世代之升沈，風光之變易？」予欲回顧，客已離席；覺而望之，杳乎無迹。但見湖水茫茫，葭蒼露白。

時夏五月，蓮花正盛，明月當天，予命一小卒，棹三板輕舟，置一壺酒，指盛蓮處而放焉。煩暑既滌，塵想隨清，舟中浪吟曰：

　落日放船好，明月當天空。
　輕身百花上，豪氣一壺中。

又曰：

　香氣助文氣，滔滔萬水東。
　李杜稱詩伯，應嗟筆力窮。

方欲秉簡以事，遙聞十丈外有笛聲嘹亮，予心悅之，擲筆舟中，令急棹以尋聲之所在。撥花而行，甫得數棹，見前左一小舟，行甚捷，舟上坐一主一僕，橫笛而吹，予命小卒呼曰：「笛客何人？卑職誠欲移船相近，祈祈貴价緩棹以及之。」笛客聞之，乃顧而言曰：「非不知其為王之子也，但今夜恭逢萬壽節，雷霆王命，萬萬不敢遲留。如欲按曲，約至九月二十一夜，或在此處，勉為王子連舟。」語罷，舟行如箭，不及回話，唯聞笛聲，彷彿得於來風，瀟灑出塵，雖萬乘之尊，亦若付于相忘之域。予撫念之，今夜何有慶節，乃言如此？意者其託言乎，抑爲神人乎？毛髮爲之豎立，寒氣若侵肌膚。乃命回舟登岸，歸府中宿焉。伏枕不安，張燈獨坐，默默然若自失焉。私自念曰：「予以東宮之貴，將臨南面之尊，以天下而奉一人，天家富貴何如也？胡爲乎明月半船，笛聲一曲，反令人視四海珍甘之奉，若不及一匏雲水之娛，此心不知其何心也？」坐到天明，不曾合眼。

於是齋居四月，至約，又命前卒把棹尋故處而往焉。時紅蓮墜粉，白露連天，夜色黯然，滿湖中惟疊疊黃蓋而已。直至子亥交時，東山露出半輪淡月，西方吹來一陣涼風，棹卒熟睡，屢以手搖之，他亦不覺。忽依微月光中，見一小舟急棹而來，呼曰：「五月前之王子乎？」予喜甚，遽應曰：「是！是！」半息間，二船果已連舷。笛客命開蓬，與予對坐。予覽其人，則年纔二十，髮垂及肩，硃唇鳳眼，氣若芝蘭，頭戴一方巾，身着一綠衣紅裙，腰橫掛一竹笛，舟中陳一小几，布花席乎其上，旁有青燈一檠，酒壺一樹。乍見予，微笑曰：「昨夜之身是何身，何(今)夜之身又何身也？王子與吾，彼此各有其等，嗜好各有其方，第一見野王而未及胡床(笳)三弄，若有負於知音，故不妨撥冗復來矣。」乃解腰間竹笛，爲予吹之，爲關山，爲折柳，依稀乎海風獨坐，動人以故園離緒、金閨別淚之思。忽而大海波濤(曲名)，彷髣乎惡風起，白浪興，奮怒激昂，令人有恐懼倉皇之意。繼而泛溢汪洋，濫以立會，若告予以乘衣拱手，思得畜聚之臣。終則悠揚和緩，韻遠音遲，散入行風，飛來水面，隱隱乎湖中之飛躍，湖上之草花，無不被夫暖響，又何異乎聲名洋溢乎中國，施及蠻貊，而無不被乎恩光。笛曲乍終，予顧視水間，則白蓮滿開，天香撲鼻。此時也，神怡心曠，形影俱迷，認以爲五六月之時。乃步入客船，執手而言曰：「技至於此乎！技至於此乎！敢問作笛者是武帝時丘仲其人歟？命名又何取也？」客曰：「按周禮笙師已有教篴之文，篴卽笛也。高祖入咸陽宮，得玉笛二尺三寸，二十六孔，吹之，則見車馬山林，隱轔相次。觀此，則非丘仲所作明矣。至唐明皇遊廣寒之宮，記得其象，乃遍求天下竹花，依式制之。時有李謩，按曲特妙。厥後安史之亂，這笛又爲仙翁所毀，王子知之乎？且笛者，滌也，所以蕩滌其邪心，雖有雅笛、有羌笛、馬融長笛（馬融有長笛賦）、近世雙笛、猿臂笛（取猿臂爲笛，吹之，聲圓于竹。）、義觜笛，名各不同，而長一尺四寸七孔則一也。」語罷，命僕取酒共酌之。酒杯皆金玉，酒味則清香，棗大如瓜，桃紋似錦，予飲而甘之，啖而悅之，曾食八珍，皆不及如此之美味也。

初猶疑爲博聞道術之士，未識其爲仙，乃從容謂之曰：「洋酒美少年如君者，一人而已，空谷白駒，如作文塗之九駮，予能表君爲太子友，庶幾同調，晨夕相親，資賢者之見聞，以補我之不足。俟登大寶後，委以重權，衣繪以百花，食則陳五鼎，妻封子廕，寧不勝局外之遊乎？」笛客掉頭（古詩云：「掉頭不肯往。」）而答曰：「王子麼麼不念者，初羅塵網，遽爲塵俗所迷如此耶？（觀此言，則聖宗前身其生也必有自而來矣。）古今來豈有萬歲天子哉？試爲王子言之，前身庶可悟也。彼夫高臺黃屋，出駐驛而入鳴金，鷄幛龍樓，握乾網而持玉紐，非不崇高也；然視之於霓爲車而鶴爲駕，朝迎滄海之日，暮望巫峽之雲，其放曠何如也？山殽海錯，備四海之珍甘，率土普天，皆一人之臣妾，天下雖復能加焉？然等之於瓊漿玉液，喫百草之精英，與夫三千年而開花，三千年而結實者，其重寶何如也？錦峰繡嶺，吾爲主翁，淨地清流，吾爲棲息；舉寰球之鸞鳳郊野，土壁山川，皆吾足跡之所歷也；儕之於定自天書，治之有限者，其廣狹可知也？況乎敗荷作服，脫籜爲巾；天衣無縫，線針入妙。詩吟千軸，居山而無虎豹之虞；酒掛一壺，遇海而免波濤之懼。歌風嘯月，寧勞龍鳳之精神；吐故納新，自引蓬瀛之歲月。彼勞身焦思，一日萬幾，四郊若有阻敎聲（暗指後日占城、盆蠻等寇。），一夫而不被其澤，則宵衣旰食，野服遊衢，日昃不遑，惟憂用老，其勞逸又可知也！偶爾一朝遊，不以萬乘換，況太子之友乎？況重權之委乎？」

予聞言畢，始悟其爲仙，乃改容拱手而問曰：「聞君之言，予心若釋，飛昇之術可傳乎？而可學乎？」留仙而乃笑曰：「鼎蟠龍虎，口入刀圭，生白日之羽翰，雖遺世以鳴高，而於時則無用。況受衷之初，別鍾清骨，而成形之後，保得靈機，必然自我五官，無靡麗紛華之習，然後成丹九鼎（古詩云：「九煉成丹晨未開。」❶），資主持修煉之功。第旣落塵坑，雜然俗慮，求能脫形幻化，白日飛昇者，古來凡得幾人？大率海山鍾毓之奇，花草精英所結，其來也旣有所自，其去也必有所爲，則魄歸于地，神行于天者良多也。故可傳而不可學者有之，可學而不可傳者亦有之。目今國家承大定之餘，殺氣未盡消，應有門牆之變（暗示以宜民之變），王子但當清明在躬，使志氣如神，舉措當乎人心，言行皆可爲法，馨香至治，登斯世於春臺，多囑物精，卽仙齡長引，安用符籙爲哉！黎家福澤，王子之享受獨多矣，所深戒者衽席之間耳。（暗示以後來皇后手捫痛處之意）」予方欲再叩，倏然不見其人。

山南叔曰：

富貴之能封植乎人，故人溺之而不能出也。若夫方外之士，視四海珍甘之奉，反不如一飽雲水之遊。讀其言而想其人，遠韻清風，殊令當途之利達者，自失其為貴矣。又嘗考聖宗本紀：初，吳太后臨誕時，夢至上帝所。上帝命一仙童降為太后子，仙童之意遲久不肯行；上帝怒，以玉笏擊其額，出血。夢覺，遂生帝，額上隱然有痕迹如夢中所見。

因此知聖宗前身，與笛仙必舊相識，故立遊湖上，叙來膠漆之情；再入夢中，為解風詩之意。且我越帝王，天資高邁，學問淵微，雕辭琢句之中，帶道骨仙風之氣，皆無如黎聖宗。觀其詩有曰：

素膽皎皎玉盤清，雲弄寒光暗復明。

題甲仁忠天南餘暇集云：

火鼠千端布，冰蠶五色絲；
更求無敵手，裁作袞龍衣。

其遺筆云：

五十年華七尺軀，剛腸如鐵却成柔；
風吹窗外黃花謝，露挹庭前綠柳癯。
碧漢望窮雲杳杳，黃梁夢醒夜悠悠；
蓬萊山上音容斷，冰玉幽魂入夢無？

奇麗❷瀟灑何如也！題弘佑廟有句云：

極靈英氣震遙天，威力嚴提造化權。
扣問山雲能潤物，通為甘雨應豐年。

口吻又何如也。至如瓊苑九歌，騷壇詩集，古心百詠，春雲詩集，古今宮詞，征占城盆蠻哀牢諸詔，堂皇正大，字字精微，又令老於文墨者，無不袖手。遇天久旱，手寫所撰詩集四章，命張于神祠之壁，而是夜大雨。古人云：「文章泣鬼神。」吾又云：「文章感鬼神。」非聖學高明，鬼神效服者，孰能如此哉！

【校勘記】

❶「九煉成丹」原作「九練丹丹」，據文義改。

❷「奇麗」原「奇」字旁加「……」刪節符，改作「其」字，今不從。

一七、夢記

仁宗遇宜民之變，予初承統，愈念徽前，每每張皇六師，親行巡檢。一日，遇大雨，駐驛于竹帛湖上——名鳳觜處。雨陰中，髣彿有哀號之聲，予令靜而聽之，則又寂然，惟風馳雨驟之中，則復如是。予疑焉，乃以酒向這方灑之，密祝曰：「朕上賴聖宗之靈，下倚諸臣之力，生殺予奪，皆予主之；鬱抑冤苦，予能伸之；陰功潛德，予能顯之。告爾地方諸神，如有此等幽魂，聽從實訴，胡爲乎風雨則聞，冥迷莫辨？既如泣而如訴，又若隱而若微，哀怨之中有慚怍，令予心懷疑惑，欲顯之而無地，欲伸之而無從哉！朕言不再，告爾有神。」祝畢，予望此方花草，似有感動之意，偶興心怛，乃敕將軍傳箭整隊回宮。扈駕諸將伏前奏曰：「聖上正位來玆，臣民怗服，寧有意外之虞？今天氣嚴寒，加之以風凄雨濕，雖皇恩廣被，三軍有挾纊之心；第冒雨而行，人幾疑有警急之事。伏望姑停行在，俟到天晴雨霽，傳啓西門，僅百步而還正宮矣。」予乃曲從，特命停宿。

至夜深，夢見二女姝妙，戴一封書伏前奏曰：「妾等前事李高宗，甚得親近。不幸命蹇時乖，被姦人陳陸竊負而逃。本欲賣妾于人家，以求厚價；及爲鄰家看破，他恐重罰，幽妾等于此地方，至今已二百餘年矣。何幸陛下省風到此，有哀恤之情，故妾等冒死上封，庶幾沐聖明之德，正出幽涯而見天日之時也。」乃置書于案上。嘻涕再叩而退。

予覺，視案上果有書一封，心內驚疑，遽啓而觀之，則一白紙，縱横僅一尺，上前有七十一字，書體如蚯蚓，皆不可解。末後有詩二首，其一曰：

古月落寒水，田隈為半陰。
夜夜釣金童，淒淒千里心。

其二曰：

出自巴山事二王，比鄰頭上兩相方。
後來嫁得金童子，空戴桃枝永自傷。

予再三熟思，未曉其意。明旦回朝，召內閣學臣細述其事，並以詩史解之。諸學士皆曰：「鬼神之言淵微，安能遽解，願陛下容臣等熟思，如何審奏。」經三歲餘，皆不知其何謂也。一日午枕，夢見前所遇兒湖之笛仙，予喜甚，邀他並坐，握手言歡。夢中忽思及二詩，乃以質問。笛仙曰：「騷壇二十八宿，皆極天下之選，寧不能看破耶？雖帝所仙童，亦爲富貴所迷如此耶？」予笑曰：「先哲云：『不可知謂之神』，難可以塵心測也，所以三年來欲爲他伸之，而未得者。」笛仙乃解之，曰：「此的的是金鐘、琵琶之妖神也。初、李高宗制樂，有名金鐘，有名玉琵琶。鐘也，而有絲竹之聲；絲也，帶石金之響。每奏御前，屢蒙賞賜，珍藏樂府，甚見隆重焉。迨惠宗怠於政治，疎廢樂工，每日狂醉，浩歌舞干，自稱爲天將，委政於陳氏。時陳宗室名陸，因得盜去，欲以厚價售之。不意樂工名阮軸竊見，欲以見聞，他恐得罪，遂埋于竹帛湖畔上，植一櫻桃以沒其迹。金玉之氣，歲久成妖，今欲訴于陛下，掘上之而效其用也。其曰：『古月落寒水』者，左從水，中從古，右從月，是『湖』字也。『陰』者『石』也，『田』字之右加『半』字，是『畔』字也，故曰『田隈爲半陰』。『金童』是『鐘』字也；『千里』是『埋』字也；蓋『土』字倒看，即成『千』字故也。讀成四字云：『湖畔鐘埋』，存餘等字，不過掇拾以成句義耳。『二王』字出于『巴』字之上，是『琶』字也。『比』字之頭與琶字之上『相方』，是『琵』字也。字雖倒，然亦卽琵琶也。嫁金童子，『金童』是『鐘』字，意必琵琶與金鐘同埋一器也。其『空戴桃枝永自傷』者，看湖畔上有櫻桃者，是其埋處也。」予又問七十一字之名義。笛仙曰：「此卽二妖之奏辭也。這字樣的是前南粵之舊書體也，今山峒間野蠻輩猶能誦之，陛下召他使讀之，卽知。」語甫畢，方欲叙歡，忽風動而覺。遂傳衞卒依此遍尋，果得金鐘一口，琵琶一樹云。

山南叔曰：

歲久成妖，萬物皆然，不特一金玉之氣為然也。如某邑荒園中，有一古廟，皆土磚築成，外開一小門，僅容人出入。中空做一席，設香瓶一、木燈一。歲纔二次設奠，則啓門而入，淨掃焚香，事訖，復闔外而出，餘則無人跡到焉。廟中有一篲，皆細竹結成，每奠時則用以淨掃，掃訖則植于廟中，相傳已久，而其形如新，邑中人有常見其靈異者。時有一士，負笈從師，就其邑傭寓，以便日講。寓纔三月，忽夜深見一美女，自窗外擲一詩云：

本是天星落下塵，上承箕尾每相親。（天星，彗星也。禮曰：「加帚于箕上。」此二句隱示以篲形也。）屢將拂拂清塵垢，欲結郎君朱與陳。

士拾詩視之，默坐良久。女又窺入窗內笑曰：「此所謂文窮也！」士見其色美，遂與屬和而相近焉。至鷄鳴時，女急起辭別。士欲樂留，女曰：「妾是內朝官之女，（廟字在內，是廟字也。）居于本邑，待字有年矣。但父母之命甚嚴，終歲不得出門，邑人未見其面，所以未有所歸也。偶去日於門隙處，窺見郎君行過，既貪色好，又愛才高，（鬼亦好色乎）故踰竇滑行，自忘羞愧。若貪歡久臥，人或見知，則無論既蒙蝃蝀之譏，終身必無議婚者，（觀此言乃知婦人之欲，甚於男子。及時，唯恐過時。）而家聲玷辱，且貽父母之憂，必至投環而死。郎君如有愛妾之意，則誣上行私，來時待夜，（古詩云：「君若來時待夜來。」）歷得一時之久，訂成偕老之緣，（相私三月則郎君必死矣）豈不美哉！何留為？然如此隱衷，切不可謂外人道也。」語罷，遽出門而去。

士從此講習俱廢，日則甘睡，夜則與妖女相歡。經一月餘，其塾師不見來講，乃使家人來寓所問故，且召之。士接師命，即隨家人拜候。比至，其師見之，驚曰：「少經花信，而顏色偏枯，精神半耗，爾何病也，而至此耶？」對曰：「無之。」師曰：「身中無病，而如此形容，的是為淫女所惑也。不然，何以致此！」士初隱慝，不肯實言。逮師窘問，於是一一詳述。師良久曰：「爾寓所之旁，有古樹乎？有深潭乎？或有古廟乎？」士曰：「荒園中有一古廟，不知何代所建，甚是岑寂，與小生寓所相去僅五百步，小生日講，嘗外過焉。」師曰：「此女必古廟之妖也，爾若不早言，經三月，爾必死矣。」士乃懼甚，拜伏床下，問以驅除之術。師曰：「細玩詩詞，倉卒間未解其何妖也，姑姑(且)試驗，看為何神，方可除之。」乃以紅綃巾一方，以香書于其上許士，囑曰：「彼既為妖，則凡我與爾言，彼必知之。今夜妖來，如有細問，堅辭曰『無之』。若小露出，使我計不行，則爾身必死。應屬詩道情，倍於常日；俟雞鳴，妖将起別，取此紅巾贈他曰：『情娘我情娘，愛及寒儒乎？結為夫婦乎？三生之約，寧無信物乎？（吁嗟痛切，方可瞞過妖神。）此一方紅巾，我生時邑紳所惠也。父母榮之，珍藏已久，今持贈卿，幸勿輕棄，常繫于襦裳之間，則終日亦如我在其側也。俟到合婚時，相相交洗，不亦榮乎！』妖果取巾，爾家之福也。明早，我為汝一來，以觀事體之何如者。」士乃藏巾于衣中，再拜而歸。

是夜，妖果至，卽問士曰：「郎[1]君！郎君！日間何往也？」士曰：「無之。」妖曰：「妾在門內，見郎君行過，妾施從之。至一處，的是師門，妾欲隨入，但文氣嶄然，岩岩可畏。（妖言如此，則其師必賢可知。）妾乃潛立門外，以俟郎君。（初接則曰：「終歲不得出門。」今情郎去則相隨，妖言之妄可知。）須臾，郎出，妾又隨歸，何敢曰是無也！意者別有外情歟？真個是諺云：『夫妻且說三分話，未可全抛一片心。』郎君之謂也。」士曰：「從師日課耳。」妖默然歡笑如故。到臨別，士依師命，以紅巾為贈，辭意懇惻。妖覽巾再三，反復檢視，似有畏忌之意，沈吟長嘆曰：「誰人以這物遺郎？是正離我之夫婦也，不然，今何偶有，前則獨無耶？」士託言父母一初寄來之物，憐娘愛娘，非我贈娘，誰敢贈娘？旣是連腸，何乃間隔如此。士佯怒，妖乃受之而去。明早師來，詢知妖已携巾而去，乃命尋古廟之中，果見這紅巾掛于竹篝頭，指曰：「洵所謂妖篝矣。」命收回焚之。烈焰之內，聞有哀號之聲，自是妖絕。

又一窮生至某邑，求寓所，遇一主人，謂曰：「予有一座，下堂、中堂、上堂，皆是瓦縫，其中日用食物，無不具足，惟羣鬼玩弄，我不敢居，並棄而徙之。生若有驅除之術，能留居之，則此間聽其取用，不惟免傭居之費，而求無不足，客至如歸，生敢居乎？」生素有正氣，乃曰：「世間寧有鬼乎？假使有之，則諺云：『時衰鬼弄人。』意者公之末世，故他敢爾。若小生尋師遠學，的是：明良千載會，忠孝一生心，推倒一世之英才，仰荷九重之寵命。鬼雖黠，其能奈我何！」乃欣然將書籍到上堂居焉。設一座于正間，儼坐而讀。主又使人告曰：「生有一身，寧勝羣鬼？至夜間，姑且避之；不然，則禍至矣。」生叱曰：「邪不干正，鬼安能禍人耶？」

至夜間，生讀書訖，張一大燈，垂一布帳，假睡其內，以觀鬼之所為。須臾，見二鬼從中堂而上，奇怪可畏，或欲吹燈，或欲開帳。生即起立驅而打之。二鬼走出堂外，嘻嘻然相笑相語，但聲若蟲鳴，不能解其何說也。然自此不敢再入臥內，至天明而沒。

次夜，生潛立于堂上之外，俟鬼至則打之，且詳看其形狀何如也。二更半，見二鬼從下堂而出之，一鬼甚高，形容粗大而色黑，上下皆圓，中間極細，奇形怪狀，不似生人；一鬼卑小，亦不似生人，然膚機潤澤，光可以鑑，腰間橫一錦帶，甚美。生看見如此如此，私自念曰：「彼果為寃鬼，或為厲鬼，則五官皆備，容貌如此，胡為乎人而非人，物而非物？意者家藏器皿，歲久成妖而然耶？」（不惟正氣，見識又卓然。）遂直入中堂驅打之，二鬼走入❷堂下而沒。

三夜，生乃持一大刀，初入暮，潛身伏于下堂之外，以窺其出處。夜既深，見一小鬼從灶下而出，一高鬼從中冓而出，踴躍嘻嘻，相相携抱，向中堂而升。生持刀施從其後。二鬼由中堂升于上堂，見生不在，相顧而笑，遂將衣衾書籍，移置堂外。方轉徙間，生乃踵大武突出横斬，小鬼倒臥其處，高鬼見勢不好，棄衣衾，走出堂外。生急追斬之，刀及天靈，崩去一片，亦倒于前。生乃點燈照之，小鬼則黃金一笏，横約五色線；高鬼是人家梓木杵，刀迹頗重，削去杵頭一半，印來符合。生乃笑曰：「金木之妖，乃能如是耶？」於是收金焚過，以鹽水洗之，置于書篋內；其梓木杵則細削焚之，二妖遂絕。至明旦，呼主人明叙其事，並示以金。主人喜甚，再將妻子回住，而厚謝窮生。

【校勘記】

❶「郎」字上原衍一「郎」字，據文義刪。

❷「走入」上原有「走入」二字，衍文，今刪。

一八、鼠精傳

一富家子，年二十，父母爲之成婚。妻有姿色，甚愛之。甫得半年，其父乃告之曰：「古云：『幼不學，老何爲？』汝方年富力强，正修進之時也。若衽席過耽，靑陽錯過，後欲有悔，亦何及哉？擬應遠學遊學，時月一歸亦可也。」其子毅然辭于父母，携一僕，尋師而遠學焉。臨行，其妻送之，私告曰：「夫婦者百年之緣，非一朝一夕者也。良人遠學，果能成名，不惟上顯其親，而下蔭其妻子，享受猶多也。㫖祈姑忘却其愛妾之心，而努力進修；至於旨甘之奉，定省之禮，妾敢自當，良人不至於掛念也。」其夫首肯而別。

妻在家善事舅姑，婦行無玷，悠悠忽忽，迨及半年。倏一日夜深，其妻見逾垣而歸，突入房內。妻愕然曰：「噫！良人胡乃夜歸如此？且自遠而回，未修反面之禮，遽言契濶之情，來早父母聞知，則愛逾于孝，子固非讀書之人，而妾亦不免貪歡之責。」夫曰：「我思君甚，每每欲歸，惟恐父母不悅，故深夜潛回，鷄鳴時又去，賢娘宜爲我隱之。」妻乃默然。於是相入幃中，歡愛備至。到鷄鳴時，果然起別。越一夜，又如此，妻怪問曰：「聞良人寓所，與家居相隔二日强程，何乃往來得屑屑如此？」夫曰：「我爲娘故，現已移寓回近地，去家僅十里耳。本欲與娘便往來，但隱沒其迹，不敢使吾親知之矣。」妻愛其夫，亦聽之而不問。

如此者逾半年，無人知覺，然顏色每日減其容光，似形病狀。舅姑疑爲思夫所致，乃私相謂曰：「少年夫婦，別緒堪憐，自我佳兒從學以來，荏苒已一年矣。佳婦獨居，雖厥職克勤，而愁容可掬，我宜修一書，告他暫回旬月，一以慰門閭倚望之意，一以伸枕衾思慕之情。」於是細寫數行，遠憑雁便。其子接書，遂致辭於先生而歸。至次日午後到家，卽步入中堂，請安床下，父從容叩及講習，應對如流。父頗心悅。移時，呼婦指而笑曰：「汝看他主僕衣裳分裂，膚髮生汚，洵寒儒景象，離家苦況也，汝何不以新衣爲夫服之？汝何不和湯火爲夫浴之？」婦曰：「諾。」及暮，又設酒殽，自家行樂。至夜深，子乃辭歸東房，與妻並坐而問之曰：「丈峯泰水高清否乎？」其妻默然。又爲諺語曰：「諺云：『新婚不若遠行』，此言何謂也？」妻不應。夫又曰：「詩云：『今夕何夕，見此良人，如此良人何？今夕何夕，見此粲者，如此粲者何？』妻賢娘與我同此古人心乎否也？」妻亦不然。夫又從容良久，撫妻背謂曰：「我自辭家以來，雞窗精究，知識日開，雪案呈功，德年俱進，然後知『父母愛子，期以久長，』古言不我誣也。雖遠離膝下，善事已有主張，然動念閨中，每縈懷于夢寐，曾有歌云：『思君如切如磋，拭何可潔？磨何可轔？切磋心倍思君，如山愈峻，如雲愈長。家娘噫我家娘！金閨心亂，他鄉神馳。胡然使我心悲，臥時不睡，食時不甘，冬宵夏日難堪。霎時不見秋三，情穠別離。怨我天公，游魚無信，歸鴻無書，悠悠僅一年餘。閨深夜靜，問渠如斯，古來多爲情癡。』」其妻又不應。其夫乃怒曰：「小戎之婦，載寢載興。東山之婦，則嘆于室。居而相離則思，人情然也。胡爲乎我重思君，而君反不思我？三問而三不應，是何也？蓋觀夫鳩婦呼晴，禽鳥猶然，況於人乎！（天將雨則鳩逐其婦，故鳩憂之，屢呼以求其晴。）意者『枝迎南北鳥，葉送往來風；門前幸得良人去，門後多求庶士來。』俗云：『夫若去時應苟合，一生無病不孤眠。』娘娘！汝之謂也。」妾乃忤目而視曰：「郎君何其言之妄也！郎君遠學，未及半年，卽隱匿雙親，移回近邑，夜深則踰垣而就，雞鳴復啓戶而行。計自半歲以來，已經百合，又何思慕之有哉！憐君愛君，兼復畏君，故永保囑辭而不敢少露耳。

遽乃織成不義，結成汚名，旣玷其身，則何面目而見舅姑，與我父母乎？」其夫又大怒罵曰：「週歲至玆，何曾一見？現有老僕證知，至於移寓踰垣，我何嘗有何等事乎！意必姦夫飭成狀貌，夜間昏黑，不辨贋眞，適動慾心，則直受之耳，汝何敢妄指爲我哉！」妻乃大泣曰：「頸間紅痣，耳裡藏珠，非君者乎？聲如戛磬，脣若塗硃，非君者乎？高也而不差一寸，大也而何減半分，非君者乎？絺衣外飭，素裙下垂，君之被服者，妾之所手製也，寧妄乎？迎涼紈扇，洗垢紅巾，君之提携者，妾之所持贈也，寧妄乎？況乎枕邊言語，歷歷可陳，越今纔一夜耳，何得指妾爲妄耶？」語罷，放聲大哭。舅姑聞知，卽就房中詢其事故。其妻因爲夫所辱，激出怒端，卽泣拜于地，不顧廉恥，細細述之。述畢，卽曰：「良人之言，誠有如此如此，則不惟有負夫之名，而家聲敗辱，留此身復何用哉！嗣今以後，不敢侍立於舅姑之前也。」遂以頭觸柱欲死，夫與舅姑急救之，多以婉辭勸解之，須臾乃甦。

父母告其子曰：「自汝寂往，佳婦家居，甚是貞淑，別無外情；縱被姦人所騙，半年來豈無看破？意者人鬼物妖，慕他姿色而作祟耳。汝姑就學，我徐以符籙壓之。」子聞畢，逾一朔晦，復携一老僕，尋故寓往焉。於是姑密囑其婦曰：「夜來復見如此，爾宜堅抱大呼，我來驅之。」越三夜，父在中堂，果聞呼聲，群來捉之，縛于柱間。平明，父母視之，宛然吾子也，妻細察之，宛然吾夫也；鄉人宗族，一一看之，又宛然鄉人與族人也。就中識者曰：「曷不使人向寓所叩其有無眞假，方可的也。」父依言。至來日，子在寓所接信，卽共老僕匆匆而回。父母鄉黨與其妻見之，則一而二，二而一也。而(因)兩執而訴之于縣令，縣令不分；達之于省臣，省臣莫辨；以是具其事以聞于朝。

予爲親讞之，明廷之中，二人並立，命衞士啓衣視之，外貌旣然，而身中陰處之黑點紅點，又無不然。或告于予曰：「晝彐(尋)日影，夜照燈光，有影爲人，無影爲鬼。」予試驗之，則又不然也。舉朝束手，終無法以案之。予私自慟曰：「以一人而臨臣民之上，如斯鬼案，縱不能明，則他親增一鬼子，他氏增一鬼夫。既以鬼名，後來不無他變。」乃焚香致敬，乞靈於扶董王。其香始升，天王卽託於童子而告予曰：「這所謂鼠精也。深年老鼠，多喫物精，然後成此鬼怪，水火不能害，符咒不能解，幻出百端，誠古今來之第一變態也。宋之仁宗時，彼變作眞仁宗、假仁宗，龍圖老子嘗查此案，亦無術以驅除之。及向玉皇上帝借借(得)玉眼猫，然後他不能遁形，露出本相，爲猫所害。今天庭書府甚多，是猫難可借也，臣試拔一劍氣，爲陛下除之。」乃香書于紙二符，使先粘于二人背後，鬼欲走脫亦不能也。至次日，于龍庭上，令二人相向而立。忽然雲霧暗昧，庭中如電光一氣，須臾霧散，見一五色鼠，鬢白如雪，足四懸蹄，重倣三十斤，七孔流出黑血，倒死于庭。其旁一人，則精神如❶故。兩班侍衞目之，無不驚恐。予仰面向天，方叩謝畢，乃傳將這鼠焚于火，散其灰於江河。其富家之妻，調治逾年，然後解鼠精之毒。

山南叔曰：

歲久成妖，凡物皆然，然唯猴類、狐數(類)與鼠數(類)三者為古今之最孽者也。第猴精尚有效用之時，如孫悟空初為玉皇之直(弼)馬溫，因玩弄過弄，佛婆用術壓之。五百年後，改從善念，為唐僧之隨人，往天竺謁如來佛，得佛經八十餘部。至今佛寺處皆塑像祀之，人身猴頭，甚著靈異。狐精雖甚妖惡，然亦不至如變幻托形，淫人妻女。春秋時，三食郊祭之牛，後又為鼠君，夜行晝伏(出左傳。)。宋神宗時降居金陵，紛更舊章，變亂天下。厥後蔡京、童貫輩乘之，而宋隨以亡。故『無牙而穿我墉』，所以形其暴；『貫女而食我麥』，所以著其貪『有皮』『有體』之譏，風人托興以刺夫無禮；『十七十三』之女，母家同睡而終失所操（鼠諺云：「女人十七十三，夜眠同母，鼠啥失倫。」）。晉卦繫既鼠之辭，東坡有黠鼠之賦，散見於經傳者，所戒無非鼠，而所惡者亦無非鼠也。窺箱者設檻以禦之，為駕者結網以羅之，穴于社者火以薰，而水以灌之，居于田者迎貓神祭以食之，人家之所追殺者，又無非鼠也。鼠乎鼠乎！陰而毒，狡而險，乃至於此乎！

【校勘記】

❶「如故」原作「如如故」，衍「如」字，今刪。

一九、一書取神女

神溪有一窮士，父母雙沒，下無次丁；二十四歲，未能成室家。貧甚，把筆硯爲資生，眞個是：

去歲荊南梅似雪，今年薊北雪如梅；
共嗟人事常無定，求我童蒙生有涯。

但天性恬靜，服食澹泊，一歲中所費無幾，以故人多慕之。

時課童于清華外莊。一日正午，見一女甚美，年纔及笄，有二老僕推魚車而來。拱手而入，前奠一盤，向窮士爲禮甚恭。窮士初見駭愕，疑爲本郡夫人，卽下床徒跪，將欲拜伏于地。美女鞠躬提起再揖，微啓朱唇對曰：「大人大人，賤妾等何敢何敢？拜祈上坐，賤妾別有所求。」窮士再三推避，女爲禮益卑。士乃升座，請女坐于左間。女似畏懼不敢違意，逡巡然後就坐。

少頃乃起，向窮士而言曰：「尋常不腆，日畫筆十株，梅花墨十笏，香澤水一瓶，貢箋一襲，白銀十兩，敢獻大人書案下。」士良久曰：「窮士與夫人前無知識，後無功勞，今無情誼，云何云何，有此重禮耶？況士今居窮，一至於此，這般筆墨，固非所宜；香水貢箋，寒儒奚用？金銀誠可貴也，第服食取資於教俸，今復增益，不幾於無罪而其罪乎？萬請堅辭。或者有何緣故，幸夫人明言之，如有可鼎力處者，士敢承命而已。」女於是開衣袋中（衣袋開時，雙龍躍出，窮士寧無動心。），取黃紙一葉，布于士前，揖而言曰：「請大人於紙尾，手許一尊名，名下復許一『認字，如此如此，刻骨不忘矣，豈有他緣故哉！」士乃攬紙詳看，果不是人間紙樣，且紙上無字，不知事故若何，乃微笑曰：「窮士之名，有何關重，奈何見索耶？其間不無屈曲者，請明告之，手記未晚。」女不肯言，惟再三懇請而已。士心疑焉，辭不肯書。歷三時久，女無可奈，乃倅老僕收拾禮物，嘆息升車而去。士亦默坐，不躡窺之。女去後，坐間遺了一簪，士拾視之，則黃金鑄成，龜頭鳳尾，中着龍鱗，香氣馥郁，滿室皆聞。士異之，置于書箱內。

越十日，又見這女依舊行裝，再加黃金十兩，揖請如前。士沈思良久，私自念曰：「遺了金簪，宛爾官家之物；看他玉面，分明天上之人，與我絕無親故之情，胡乃禮意日加，情辭懇惻？意必事關交涉，非圖脫禍，即是求名，我之今生，或居前世，與他舊有因由，今非我手認來，則他事必不能濟，故自忘女價，對面陳辭如此。曷若盡還等物，求配與他，他既迫之于勢，則不得不順之于情，所願克諧，卽雖十城之重，亦何足與易哉！」乃向女謂曰：「禮物特其外焉耳，唯夫人既不明言其事，則窮士安敢自署其外！第事之重輕，不必論也，復何相有猶之患！寄人籬下，餬口東西，又別得隨地成家之景，夫人如愛及窮士，結成石上之緣，則不唯夫人之家事，千艱萬險，敢以身當，而伉儷百年，子孫長引，顧不韙歟！況書儀金簪，隱示以三生之約乎？」女聞言畢，兩顴發赤，面有怒容，遽起告士曰：「吾以大人稟聰明之性，有正直之心，（聰明正直，非神而何？）故羞愧自忘，宮牆再向，所薄禮求得一書，原意顧不可量也。不然，則增取黃金，別求尤物，豈不兩全耶！今乃迫人于險，强以勢之不得不然，非惟乘人之危，逞己之欲，既乏我大人之量，且銷妾廉恥之風，雖死亦不敢從耳！彼金簪者，特其遺了也，寧約乎！」語罷，拂衣登車而去。一老僕隨之，一老僕姑留收回禮物，因私告士曰：「大人欲了此事，非謀于令姊不可。」士曰：「令姊何在？」曰：「在長安山。」士改日向山下求之，則岩岩立壁，各各小寮，渾不似官家第宅，無從質問，抱恨而歸。

經二月，偶一日遊于冰山，暮歸，遇前老僕，乃執其手泣而告曰：「窮士依敎，三向長安，茫無所見。何幸天從人意，獲遇貴价于斯，伏祈引出天台之路，幸登令姊之堂，庶書一言，白此衷曲，安敢惜一筆而不書！」因探懷中，有白銀一兩，乃捧贈老僕曰：「謹有微物，聊侑老叟夕飮之需，事成後，多謝未晚也。」老僕受之，欣然前導，歷椰市塢門，遂達大市。二更初四方至其處，則樓臺幾簇，依然王侯之所也。老僕乃告士曰：「大人姑姑立此，俟老僕先入面呈。」士從之。少頃，老僕出，笑容滿口曰：「俗云：『若無雁信因風去，焉有仙人入夢來？一棹輕颺逾洞口，憑君坦步入天台。』尊令姊與夫人遇訪，弗勝歡喜，方修容立于堂前以俟，眞個是先生欲來信息甚大也。祈大人從老僕曲曲而入，升自東階。」士依言。甫至庭前，果見令姊，年纔三十，立于前，這夫人則立于後，各各長揖窮士曰：「路遠更深，誰敢屈大人之駕（更深而大人屈駕，噫！孰使之？），胡而勞勞見訪乎？夫乃知儒者以天下爲度，見人有急，不啻自身，似此厚物，將何以爲報也？（三寸桃溪爲報足矣）」急傳二侍女，以香湯爲窮士洗足。洗訖，請入中堂，正坐于右間文几上。又傳侍女進茶，茶罷進酒，令姊鞠躬於士前曰：「妾之丈夫因官事寂往，無人陪坐，萬望大人情恕，旣勞玉步，應照微誠。（此時如得夫人陪堂，酒味又增香矣。）」語訖，皆退入西房，唯留老僕與侍女相緝御而已。

士酒罷，於是令姊出自西房，坐于中堂左間，向士言曰：「去月接小姨細述大人之辭，卑等固已達于父親知了，承父親曰：『以小姨而上配大人，洵所謂「有齊季女，克相儒家」，又何不可之有？但五禮不備，則爲招婿之名，必徵黃金百兩，白馬五雙，薰衣香三十瓶，如此薄物，方許成婚。成婚之後，又寓鳳半年，然後見廟。至於記名之疑歟，必在先期。不然，則旣成岳婿，恐涉于私也。』大人之意若何？」士聞言乃私念曰：「窮儒貧白，況復孤身，何處辨得黃金？何從貸得白馬？薰衣香料一瓶，亦不能全，況三十瓶邪？如此如此，猶云薄物，意者自昂其價，使吾自退，則記名一事，只是多索錢而已，豈敢議婚哉！不若默然無言，致辭告別，看他意若何，然後徐爲計耳？（士之計亦狡矣。）」遂向令姊對曰：「窮士夜深，適來驚睡，於此停宿，恐礙見聞，姑許一婦。至於酒味茶香，越三宿而猶存於左腹矣，敢不稱謝！」語罷，起立辭去。令姊又留曰：「大人何其性之急，而見之未達耶？古云『貧者士之常』，聘禮這般，卑家豈不知大人一身，從何辨得？第既爲父而伸其枉，則不得不爲妹以成其家，曾已向卑家之丈夫細述矣。唯大人手書四字，則萬事豈有不諧哉！」士乃回坐微笑曰：「曲全至於如此，死且不朽矣，然而緣故若何，尚明言之。」令姊垂淚而言曰：「眞情告白，不敢隱於大人。妾家非人家，乃神家也；小妹非人女，乃神女也。妾親父有救災捍患之功，上帝憐之，命主此一條山分。四月前，象雉二山神誣父親以罪過，上帝執此案付花蘆洞口究察之。洞主將惑志於這二山神，念大人曾爲洞主侍書，甚得敬信，玆二姊妹撰一嘯白辭，誠得大人親手筆認，則二神之誣自露，而父親之咎自無矣。」於是命侍女取白紙一方葉，置于士前。士援筆猶有沈吟之意，令姊知其意，乃復曰：「既謂鬼神，寧有二言乎？大人何見疑之甚也！」士乃手書姓名三字，良久乃再書一認字。書畢，兩手捧紙，將付令姊，曲身謂曰：「令姊！令姊！小弟之性命，全在此四字也，願令姊垂憐之，不然，則以死繼也。」令姊收認，寶藏于錦袋中，（古云：「一字千金」，然此❶四字而光前，而裕後，天家富貴，喫者何可盡耶！）回顏笑曰：「父親守職如故，大人之賜也。已看通言，來月初二日，納婿之上吉日也（漸入佳境），於前一日命二老僕來迎，祈大人踐約。但一書而取神女，洵人世之奇緣，若外人聞知，天機洩露，則受咎不細矣，大人千萬勿向人言也。臨時別有化身之術，大人勿憂也。」

囑畢，倒入西房。於是士乃夜去，老僕餞行，行倣數百步，天氣黎明，認來卽教館前。回顧老僕，則不見老僕矣。

士入教所，依舊課童，齋居靜俟。至日，果見二僕推香車來，對士叙曰：「得大人之一書，尊神果已復職如故。請賓納婿，來日二喜俱行。其所徵聘儀，令姊現已足辨，願大人急急升車，以及慶事。（大人本欲縮日，寧俟老僕之告耶？詩云：「垂涎已久，幸乘適口之羞；裸體何堪，偶得藏身之具。」）」又戲謂士曰：「相遇氷山，言猶在耳，今而後朝醉夕酣，下陳必成酒僕矣。」士首肯，舉足升車，行如雲捲，暮間而神居已至矣。士下車入門，仰見一人，衣金紫衣，立于堂上，微舉手作禮。二僕在後細言曰：「堂上尊神，大人之氷堂也。」士惶恐，叉手立于堂下。尊神傳命嬌客姑停外宅，以等吉時。於是二僕引士向前樓坐焉。丈茵刻几，備極風光，酒爲聖而茶生風，二十四載以前，未嘗歷此繁華，飲此甘美也。至鷄鳴，樂生前導曰：「奉命迎嬌客入中堂，行交拜之禮。」士乃換新服，履珠靴，隨樂生而升。行禮訖，相相（雙雙）步入西房，對面而立。一白頭捧二玉杯，手斟黃酒，陳于夫妻之前，祝曰：「琴瑟在御，莫不靜好，一飲百年，百年偕老。」導夫妻飲訖，於是各各散去。夫妻並坐，不必盡題。

住半年，父謂其女曰：「出嫁從夫，古之禮也，旣是人家婦，安可居山中。居計自兩姓合，到此半年餘，爾宜收拾女粧回夫家，而行廟見之禮，藻蘋率職，蠶織加功，十年後，我別有處置也。」女曰：「諾。」于是擇日三咒，化身隨夫出山而居歸。廟見訖，構作家居，極是整頓。居三載，連舉三男，終無他異。

日月如箭，已歷十霜。忽一日，妻告其夫曰：「前身則不可論也，妾爲山種，君是塵人，二者合并實難也。三男俊秀，正所以報郎君。信宿間，妾復脫形而回山居矣。獨念十年衾枕，情誼誠多，三子髮膚，劬勞猶在，寸心隱隱，何心而可忘哉？」語罷，血淚相出。其夫愕然，叩其所以，終不肯言。良久曰：「噫良人，噫良人！留教三子及成身。計今春，又歷九春，駕是鶴，車是雲。自是離塵，世間富貴何足云！巍然高大復前身。」語罷就睡，明旦視之，則唯存空殼而已。其夫哀慘備至，然而知事無可奈，忍淚持家。迨八年，二子果領鄉解。至次年三月清明節，呼衆子謂曰：「夜間夢見爾母歸告予曰：『塵債滿矣，胡乃久留？侍書之職，闕已經時，不然，則必干罰也。』夢旣如此，我其眞遊乎？」忽瞑目而臥，衆子呼之，則四肢已絕。

山南叔曰：

適情之遇，邂逅之緣，如神溪窮士者，為古來之第一快境也。何者？身落窮村，舌耕筆耨，何如其岑寂也。忽然而禮物至，忽然而香車來，又忽然而與美人對坐，此時此景與此心，倏忽間而已非窮士模樣也。未幾而洞房花燭，女景神仙，又非如齊姜宋子者能比其萬一也。十餘年之享受，無非瓊漿玉酒，盡人世之所無，亦非當途富貴者所能步其後也。優遊詠嘯，無勞神而苦形，視勞勞塵路，何如其從容也。神種遺來，遠膝無非俊秀，親其生而見其成，又何如其滿志也。彼其若有所為，茫茫者固不可知也，但持身前身後，上下三千年，復有斯人乎！予故曰第一快境也。

【校勘記】

❶「然此」原作「此然」，以文義不順，據改。

越南奇逢事錄

郭長城校點

越南奇逢事錄 出版說明

按記錄，此書只存孤抄本，遠東學院編號爲 A 1006，現藏河內漢喃研究所，本書據法國遠東學院圖書館所藏微捲付排。抄本不著作者姓氏，亦無創作年代之線索。其間已用傳奇漫錄徐式仙婚等故事爲典故，當作於漫錄出現之後。所記事發生於黎朝，始吳嬌娘母於榕樹下得孕，至嬌娘長成遇楊介，後楊介隨吳父讀書，中舉歸娶及爲官，並於順天初年平遠州土酋吉罕之亂事。按順天爲黎太祖年號，是時黎朝始建，上述種種事，當不可能發生於黎朝。且楊介初次兵敗遇車氏，氏稱「近祖可參，以兵佐黎太祖定天下，封司徒國王，號黑衣帝，木州食邑，已有多年。」云云，亦不應爲順天時事也。順天年號有誤。書中謂「黎朝年間」、謂「黎太祖」，皆爲黎朝以後人之口氣，似應成於阮朝。

此書末有玉身幻化述媚娘及仲始後身故事，亦是傳奇一流。是否爲同一作者所寫，因資料不足，無從判斷。

此本素白紙抄，半葉九行，行十九字上下，計五十一葉。筆法幼稚，多俗字、錯字，因無異本可參，只得就本文文意作校，其詳見校記，正文內有雙行批註，現以單行小字側排於文中。

越南奇逢事錄

越南奇逢事錄

黎朝年間，有吳嬌娘，在遥達社縣錦寧社，吳知府之媳也。娘生之初，其母嘗夢市施回，少憩陽旭榕樹下，心神忽動，不覺妊娠。淚旬而生，及長，容儀秀麗，但手足敏捷，骨節清輕，性喜琴棋，琴花精藝，晚年遂任歸貫，課學舍於鄉之西，肆習多士。娘少艾良，盜咱父師講閱，粗通書意，其父愛之，嘗於織之經暇，教以經史大旨。數年之間，詩思久鮮，與高第諸爭奇競巧，常於乞巧之節，陳設果於庭，祝拜天孫

偶吟云、
牛女相傳兩斗台、年年歡鏑艳邀饮、我將爲構銀
河水、做道姮娥便從來、
其父見之曰詩律雖工、但立意太奇、恐後々情思
月花案上取笑丈夫、非女子好事也、娘是夜受一
童女、穿紅霞霓裳、纓帶七襟玲瓏玉璫、就織房、持
一々玉紙、曰贈汝之詩也、娘啟視之、見中有四字云、
安家易柱、娘醒來不曉其意、乃投至巔經課小壬
一卦、得猿猴守石格、有久云、

異姓同居事不疑用神俱旺克俱比居財積聚多歡慶吉自天來福祐之、娘吟：況難辨、乃從後候鱣堂歷叙夢中所見及占之卦、乞辯焉、父再續這卦曰、此卦辰從加日、二陰覓一陽、初天后、末六合、主有婚姻之喜、但神言微妙、未審將來何年福慶也、娘覆、反蘭房苦思窮神、不知所主、此後歲華荏苒、娘齒及笄、父母為擇配、及門諸生、莫適其意者、豈意家室之會、自有安排、苜嬪宿因、不外赤繩做主、辰旁邑扶董鄉遲年

越南奇逢事錄

黎朝年間，有吳嬌娘，在仙邊祇縣扶寧社，吳知府之媳（女）也。娘生之初，其母鬻市晚回，少憩陽旭榕樹下；心神忽動，不覺妊娠，浹旬而生。及長，容儀秀麗，但手足斂捷，骨節清輕，性喜攀援，采花摘菓。晚年，溢任歸貫，築學舍於鄉之西，肄習多士。娘少艾時，盜聽父師講閱，粗通書旨。其父愛之，嘗於織紝之暇，敎以經史大旨。數年之間，詩思文辭與諸高弟爭奇競巧。嘗於乞巧之節，陳瓜菓於庭，獻拜天孫，偶吟云：

牛女相傳兩斗台，年年歡緒抱幽懷；我將為摘銀河水，假道姮娥便往來。

其父見之，曰：「詩律雖工，但立意太奇，恐後必多情思，月花案上，取笑大方，非女子好事也。」娘是夜夢一童女，穿紅霞霓裳，腰帶七縧玲瓏玉璁，就織房，持一玉紙，曰：「贈汝之詩也。」娘啓視之，見中有四字云：「女家易柱」。娘醒來，不曉其意，乃披玉籙經，課小壬一卦，得「猿猴守石格，」有文云：

異姓同居事不疑，用神俱旺克俱比；居財積聚多歡慶，吉自天來福祐之。

娘吟沉難辨，乃往後候鱣堂，歷敍夢中所見及占之卦，乞解焉。父再循這卦，曰：「此卦時往加日，二陰競一陽，初天后，末六合，主有婚姻之喜。但神言微妙，未審將來何年福慶也。」娘反復蘭房，苦思窮神，不知所主。

此後，歲華荏苒，娘齒及笄，父母爲擇配。及門諸生，莫適其意者。豈意家室之會，自有安排，舊債宿因，不外赤繩做主。時旁邑扶董鄉，遞年四月初九日，設天王祠勝會，男清女秀，遠近雲集。娘拉女件數人，整理衣裳，隨數箇丫鬟，就場觀覽。到景寬步一遭，開立龍池樹陰下觀傀儡。俄而見祠中轉出一個男兒來，信雅風流，英雄體樣，——定是令家公子，否則瑞世文人——直趁鞋頭，立在娘側。竊見眉來眼去，欲捨不能。娘本是多情，要欲靜觀其究竟。生見娘豐姿窈窕，殊屬可愛，然猶意其富樓之家女，戲謂同列曰：「好哉！戰地。」娘應曰：「醜矣！秦風。」生曰：「立我戈矛，修我戈戟。」娘曰：「與子同袍，與子同裳。」生見娘答應，貫通經旨，私忖曰：「當代佳人，安得有此輕物？毋乃絳香之事，復見於今日乎？」將欲私締後約，密問姓名，但兩家朋輩具在，計無所出，因以字聲屬曰：「途間草遇，難寫幽懷，倘香火有緣生，自思太乙，四月見蟾圓，十五日約不迎也。」因領曰：「愼無毫爽。」娘指祠前石龍曰：「石龍骨殘，妾心不轉，但患郎自爽矣。」生亦指市上榕樹曰：「榕樹頭白，我節强堅。」時日影含山，會人東西星散，落魄扶董鄉，兩人歡情强色，將欲分歧，繾綣遲回，跬步不進。生因觸景吟云：

落魄扶鄉傍樹陰，仙香何處繞青衿；藍橋此去人千里，聊寄裴航一片心。

娘亦口占私云：

觸景無端一樹陰，羞顏紅汗沁微衿；詩餘只怕還休了，枉苦姮娥夜夜心。

唱了，各望鄉關草堤。娘自別生後，心神不定，步履參差，迢遞路前，忘了許多程度，乃自悔曰：「我香閨倩女，花未知春，一遇才郎，未究高門令族，此而弄出嘴口，達了情詞，以春秋之法律之，正犯遂事之筆。今則一言既約，駟馬難追，始信花色四堵墻，爲今古英雄嬋娟一檻阱。」既而又忖云：「佳人才子，自古罕逢，絳嬌之遇陳淵，絳香之遇徐式，天緣作合，比比皆然，又何必一村之朱陳，兩國之秦晉，然後爲好哉。況此才情容貌，當代寡儔，一段因緣，任是是東風幹當。」

是日歸至蘭房，幽情不禁，密意難通，一塊形骸，盡付相思百鬼，時或倚窗屈指，獨宿獨言，紅綠夏長，熱衷翻成冷怨，曾有吟云：

自古鍾情幾月娥，如今於我更偏多；撩人自聽和音燕，對景偏愁並蒂葩。
重約誓心懸玉珥，亂腸隨手度金梭；憑誰喚取❶鍾情客，榕樹青青石不磨。

時娘雖父母在堂，然別有織房，常多小鬟獨處。馴至月中望日，娘謂小鬟曰：「我今遠遊京國，收買香奩；家法甚嚴，不敢以告。如斜暉未返，爾可善代女工，我早歸來，定有旌賞。」鬟曰：「小姐放步，如堂爺有來，小的善言，萬無泄露。」時日斜過午，娘思如焚，素服淡粧，取路徑赴建初之約迎處。且行且望，已見生立三關門外。曙星閃爍，花體鮮妍，問娘曰：「藍橋幾度程，何其來之晚也？」娘曰：「兔魄未圓，公何不佩韋❷者？」生曰：「樹陰一遇，久旱之逢甘雨也。兔魄之約，日度三秋；建初之期，情牽萬狀，到那今日之會，在我其為太晚也。弦猶不及，何用於韋？」娘曰：「我郎一言，量己量人，可謂包括物與人胞。」隱處各各，微微莞笑。時黃昏薄暮，寺鐘曲斷，延鐸宣聲，二人未寫幽懷，不能相捨。乃携手就聖母祠，陰圖泊宿。纔到排門窺望，只見祠中燈燭輝煌，沒無人影。乘虛步入，寄坐於左廊廡下。二人坐未沾席，適門外鞋聲蹀蹀，自遠轉近。將起涎眉，已見一團侍女，擁來一位老婆，由右廊直入殿上，一時掉撓，人跡往來。生意其村邑貴族，望來頂禮，吞聲屏息，伏於廊板下。忽見殿上宣聲花猿，娘曰：「爾召石麟子榕樹猴精來，我欸一欸。」生不曉其意。俄而見一童女，艷冶妍裝，秉金蓮大燭，就娘前曰：「聖母見召！」娘聞：「聖母」二字，惴惴驚惶，神魂消蕩，徐答曰：「塵軀俗骨，安敢對至尊。」童女曰：「無妨，玉音既出，不須迴避。」娘與生不得已，尾尾而入，見殿上端坐一位仙婆，外間秀女八九人，各逞妖嬌，階前侍立。生與娘整衣羅拜，不敢仰視。童女戲曰：「麟子、猴精，拜席双双，好似紅絲醮禮。」群女皆笑。禮成，聖母賜之坐，左邊侍童羅列，右邊則生與娘坐焉。聖母判云：「楊公吳氏，知日之會。」生卽❸對曰：「嘉林蕩子，汨沒愛河，誤犯尊祠，願恕唐突之罪。」母曰：「非也，卿等來斯，我陰使之也。原卿生前介節，請鎭有功，黎王特使降生，少報微勞，俾之榮顯，偶然一遇，豫報先知。至如吳氏者，棲身有日，莫匪夙緣，天地造端，勿以合離變易也。中間如有患難，我當佑之以一人。」乃目猿娘謂吳氏曰：「此亦同居姊妹。」因賜之巵酒，曰：「此玉露釀成，豫慶合巹之宴。」娘、生接飲，玉液芬香，非人間所有者。生謝曰：「今宵之會，實慰塵心，但某等既墜羅浮，不醒前身來還麟子猴精，願聖母教之，庶解一生之惑。」母曰：「陰陽異境，卿等安得知之！但問之安常老人，及阮鄧二大婆，自有一般見識。」時吳氏在坐，領聖母之教，懵懵然不究由來。乃竊窺猿娘手足纖長，細腰窈窕，惟臉間有一點黑子在也。更闌對話之亹亹，忽扶明村後家鷄報曉，咿喔聲傳，母揮二人左退。生、娘低頭降堦，反顧望之，殿上寂無一人矣。各吐舌稱奇，呆了半晌，且由來一遇，姓名貫址，未得其眞，纔聞聖母麟猴之言，兩地關懷，如在間夢景。乃堦前暫坐，相問根由。生曰：「我嘉林楊公之子，母阮氏所生也。傳聞太婆往芙蕾市，偶因風雨，避駐于衵龍宮下，比歸，懷胎大重，不能行起，邑人謂之石胎，因字曰楊介。年庚二十，從事文翰。若曰『石麟』，全在太婆所不道。」又謂女曰：「一生遭遇，百歲有期，貴族華宗，不敢一毫少隱。」娘曰：「妾乃東岸扶寧吳知府之子也。妾母鄧氏婆，却過陽旭榕樹下，忽有所感，應期而生，今聖母所謂猴精，事在不明，使人徒亂心腹。」生曰：「髮膚作合，全在冥冥。然語怪則亂神，惟儒者莫要於窮理。目今安常之道，瞬息通衢，宜到此一詢，且便娘來歸之路。」乃輩背辭母闕，趁曉而行，眼接眉摩，彷彿出垣之牛女。娘戲謂生曰：「君非强暴之男乎！何使妾憪悒而行露也。」生曰：「高堂之會，雨滃雲蒸。誰知事出參差，壞我萬金之刻。」娘曰：「戲爲樂耳。彼榕頭未老，白骨未灰，天長地久，中人何必爲蕩子、華娘之事。」途間戲語，步履如催，舉目間不覺已到安常地境。乃直抵祖龍故廟，見古石麟子，安鎭于觀門外，苔毛侷體，像貌猙獰，石篆汚漫，不覺爲何時所製。因叩之旁邑老人，對曰：「那石自黎朝皇帝，建此宮亭，又設石麟，以鎭妖怪，歲深靈異，顯應有日。」曰：「近來有異乎？」曰：「固無他異，惟中間有一貧僧，常以舞猴爲藝，後因他適，放却此猴。日常入亭傍林中，夜則回棲石麟側，深宵嘹喨，如兩人聲。」曰：「後何在？」卽曰：「移居陽旭榕樹下。」曰：「今猶在歟？」曰：「十九年前，不知所在矣。」算來卽胎娘之年也。娘沉吟半晌，曰：「麟猴之課，今已半明；家柱之夢，未審何時解得？」生叩其所以，娘以平生之夢略說。生曰：「我爲娘解之乎？」娘曰：「願聞」。生曰：「女家，『嫁』字也。柱者，木也。木昜相合，豈非楊字乎！」娘笑曰：「則吳之嫁楊，許多兆朕，織女乃冰人，聖母乃是遺醮，奇中又大奇也。」

二人草坐談論移時，或愀然不樂。娘曰：「吳之與楊，猶有不足處歟？」生曰：「一段因緣，前生素定；三生香火，古後罕逢，我非有所不滿者。但今朝之會，水月鏡白，浦後分岐，未卜何時再合。萬一家事芒冗，堂翁鉗勒，尋芳踪而不得見，幾堪人面桃花之悵乎！」娘曰：「旣入寶山而至空手❹，妾請爲君籌之。今嚴堂私設鱣堂，別成一家宇宙，諸生肄業，不下百人，公何不就之？亦足適情雅趣。外雖遊學，內主成親，一以完燈火之功，一以了鴛鴦之債。妾當居中斡旋❺，無不如願。」生聞言，喜曰：「造化造化，卿可謂女諸葛，貂嬋再生連環計，當避出三頭地。」計議已定，各分手而別。娘天性技癢，索一筆紙題云：

嬋娟門戶鎖堅貞，纔遇英雄價轉輕；一夜東西今織女，同舟吳越古雲英。會時眼有三生客，別後心牽萬里程；到處覺身非是我，歸來帶得一般情。

題訖，授生曰：「聊以爲贈。」生亦揮毫云：

求凰甚喜得知音，當此分歧切我心，神感不愁金拾芥，事□偏怕鐵成針；挑兵未破秦關壯，夢景剛嫌楚峽深；多少情懷應有寄，莫敎帳淚別離衿。

寫完，授娘曰：「聊以爲贈。」娘曰：「各執一箋，爲他日花房桂蘭情案。」既而相顧而別。娘途中思曰：「女人外事，動及二天，堂父若知之，不審將何區處！」及門，問小鬟曰：「何如光景？」鬟曰：「固無恙也。昨夜小娘不在，鬟代女工，老爺娘未曾問及。」娘喜其身邊無事，舉止如常，然意在情郎，日望好音密信。

分設兩頭路，生自歸家，以爲事出希奇，日魄夜魂，全在吳娘身上。一日，生辭楊公曰：「今者試期在邇，定在來秋，小子日邁月征，學功間斷。風聞仙遊吳先生大建學塲，多士雲集，子欲負笈從之，萬望尊堂聊恕晨昏之禮。」楊公曰：「學貴及時，男子正當如是。此後充閭跨灶，即顯揚開振，何孝如之，不必拘之爲小禮者。」生自以爲得策。及收拾行裝，書一篋、奚一童，直望仙遊散步。至天德江小渡，嘗有吟以消遣云：

辭了鄉關渡小津，奚童書篋共隨身；風姨月姊閒來往，認欠燈前月下人。

薄暮，生到扶寧，于東舍館焉。時常旁詢請問，曉盡吳家式。翌日就拜吳師，先生見生容貌言辭，頗有安樂之意。生自隸鱣堂，時來聽講，然織房密隔，私意難通，生坐臥淸愁，恨晚巫山之夢。一日，生乘閒散步，周圍環景，正是：

竊玉偷香真有意，看花植柳本無心。

偶然籬外左望，見織房一簇，窗外小掩，露出吳娘半面，乃高道云：「有朋自遠方來，不亦樂乎。」娘排窗見生，應聲曰：「人不知而不慍，不亦君子乎。」忽自東墻來，望有人影，生不敢久戀，移步而行，娘分付小鬟曰：「外間浪歎，情有窺窬，汝宜問譯數言，以觀其爲意。」鬟直往墻外，見生望東進去，遲遲其行，一步一停，如有所待。鬟就前曰：「公子何處人？」生見鬟言辭唐突，不究由來，然猶意自嬌娘來，故半露其辭，以觀其微意，曰：「嘉林楊介也。昨聞先生門下俊士雷奔，故不遠而來，算已十餘烏而兎矣。他鄉異景，鬱悶難舒，偶因閒步一遭觀覽，以舒其耳目。」鬟本童性，問了便回，具以生之言告娘，且曰：「詳認此人，依稀類扶董會中人物。」娘遮言曰：「天下面貌相似者多，汝安得夢言糊說！」鬟垂頭微笑。既而娘自思曰：「天隨人願，千里鳳來，然待兎守株，幾碎英雄心緒。」是夜，淸燈挑盡，玉杼懶抛，愁染花顏，淚沾鳳目。小鬟窺知，問曰：「小娘有何花恙，一至此耶？」娘吐實曰：「我爲情所著苦，度刻如年，亂想胡思，不覺翻成惱景。」鬟曰：「情於鍾處，得非在日間公子乎？」娘曰：「知我其汝乎！夫嘉林新郎，乃我生前夫婦也。渠渠遠來，我之畫策也。今鱣堂既久，音信不通，纔到速離，倏來忽往，形交神契，心動肝傷，此我所以有感也。」因謂鬟曰：「來早汝爲我遠達心書，兼問東西寓所，或問相機乘勢，寄達幽情。」因取薛濤，放寫吟毫，黃衹封固。寅牌，鬟密領娘詞，班於學堂門外，俟生來就，道達情詞。既而生取與朋輩八九人，括袖長裙，同時（至焉）。鬟見頭勢喧騰，難通片語，暗將黃衹納于袖中，意將直待歸時，道達小娘情緒。豈意生自寄書，已知吳娘信來，腹裏徘徊，坐不貼席，方丈未撤，暗路先歸。鬟往來窺伺，見諸生三五返回，而楊生寂無踪跡，鬟急反回命，娘細問曰：「客意如何？」鬟一一寔陳，且謝使命不謹。娘曰：「世途難遇，人事多磨，月下翁，月下翁！說之結成委曲。」鬟曰：「計將安出？」娘靜思曰：「不須贅議，楊公早來，必然有怨詞來，匪我求童蒙，童蒙自求我也。」且說生自守書至家，啓密緘封，見中有首尾吟云：

殷勤聊贈有情人，無病西施笑裏顰；百歲咸恒纏午後，兩天睽隔渴芳春。臨墻眼寄桃三徑，想像心懸月半輪；片片愁腸誰共會，殷勤聊贈有情人！

吟訖嘆曰：「藍橋咫尺，何必文章，不覺嬌娘念及冷淡書房否？」因強題復之，擱筆推敲，短唱長吟，徹夜寢不成夢。黎明，再袖復詩，直趁娘房，冀其得逢。纔到通衢外，已見小鬟佇立途中盼望。原是夜娘於五更，喚醒小鬟曰：「汝宜往候楊公，倘有密言來達，切記於心。」故鬟早來，恰恰與生相遇。生問曰：「青使何處得來？」鬟曰：「吳娘已料公子有□怨詞來，故使小的晨往。」生曰：「非惟怨，抑亦怒。遠來到此，懸望彌深，流蘇帳裏，也曾隙照寒窗燈影麼？」鬟曰：「女房深邃，家法甚嚴，我今姐未聞貴公先圖弊邑，不教而戰，姑恕可也。」生曰：「我今夜將到蓬萊，觀仙光景，如卿能容之乎？」鬟曰：「蘭房萬事，自有主張，非小的敢承當得。」生曰：「天邊遊子，久渴花容，一點芳心，殆亦箭之在弦，事在必發。卿歸，達吳娘，勿以疎情見拒。」因出袖中詩藁授鬟曰：「小姐有問，卿當白我直言。蝴蝶春花，此其一會。」鬟唯唯而退。既而呈上詩藁，娘視之，有曰：

到景從來月半圓，愁心對月月如年；多時正苦相思魄，今日何須聊贈箋。扶董榕頭渾未白，安常花案恐非前；他鄉旅次無餘事，抱得寒燈對枕眠。

時小鬟從旁參聽，娘曰：「楊公怨意涉深，我可謂長於料敵矣。」鬟曰：「念慮所孚，精神所格，非偶然而得者也。」各開顏大笑。娘曰：「詩章之外，又有何言？」鬟曰：「楊公方甘心於我門廷甚矣。」因述生所言。娘曰：「計將安出？」鬟曰：「小娘長於料敵，何其短於料己？毋乃知人則易，自知則難乎？」娘曰：「何謂也？」鬟曰：「有麝自香，慢藏誨盜，此乃小娘身上，何必更問外人？」娘曰：「何謂言！夫東房門戶，雪鎖霜關；內有嚴君，外招物議，如或不謹，徧播惡聲，我受其辜，汝亦安得乾淨！」鬟曰：「須當慎之可也。」二更時，三星在天，萬籟俱寂。

忽聞罜罭窗外，微有履聲，鬟報曰：「新郎至矣！」娘披衣未對，倒履來迎；潛入香房安頓。小鬟早知道了，安排芙蕾香案，另別將陣勢安排，非筆端之可以形容，而中冓之言，又不可道也。已而鷄聲頻蹙，生與娘共起梳粧，回眼秋波，並頭蓮蘂。生謂娘曰：「今宵之會，凡平生不平底事，盡消磨了。但此後乾坤安得常見？」娘曰：「源源而來，常常而見，復何說乎？」生曰：「武侯軍師，從今惟聽其畫策。」娘曰：「于晉石言，安得以隱言索我！」各相覩微笑。自此一天雲雨，朝出暮來；兩地情懷，日長夜短，會來屈指，垂及數月。鄰人朋輩，且涉見疑；然醉裡中人，想在無人之境。

一日，吳先生因事夜回，經過女房，聞有笑謔聲。潛就窺之，見生與娘並坐，席間言笑，房燈掩暎，千萬無疑。乃思料曰：「知面不知心，生子難生意。如今宣怒，恐漏家聲，莫若忍一時，徐徐算之可也。」乃縱步回家，人蔑有知者。數日後，吳先生因點文，參呼楊謂曰：「我聞夏禹大聖，孜孜猶惜寸陰；曾子大賢，勉勉亦加三省。汝自從我以來，書旨文辭，幾見窺宮墻、入門戶，得非躐等之學，晚進而退。即今秋闈在邇，汝當歸應選，解元一舉，汝可早來，不然我不願與汝相見也。」一時諸生滿座，以爲生有高才，先生望以極等，殊不知其意也。比夜，生就織房，謂娘曰：「高堂會處，耳屬於垣，風流話本，只恐旁人又得聞也。」娘叩其所以，生遂以日間嚴師所責一述。娘曰：「妾家之教，學法甚嚴，得非吾郎文思有不足耶？」生曰：「如也，先生之學，得其精微；先生之行，最爲純謹。今言辭之間，字字有意，如曰『惜寸陰』、『加三省』，責其荒怠也。曰『窺宮墻』、『入門戶』，意其私奔也。曰『解元之舉，汝可早來』，此時定以女之焉；『如其不然』，斷不許嫁也。」娘曰：「果如生之所料，當且奈何？」生曰：「我今學力正好決科，行將奪蒙正之先籌，拾漢儒之地芥，頷髭可拔，何有於相女哉！」來日，生就鱣堂拜謝，計日回貫治行。吳先生曰：「大人之學，先成己而後成人；師弟之情，我非薄於卿也。歸堂取四快詩讀之，勿使父母妻子取笑也。」生謝趨出，自思曰：「四快之中，全無所指，今摘取相期，先生其師也。」且說吳先生聞生歸日，恐女相奔，乃相召入處室。乃與小鬟，縻以家事拮据，胸裏日夜不休。生深夜就之，寂無人影動靜；返迴書館，留去兩難。將欲歸歟，則未得一語；將欲留歟，則恐泄其機。大約當在佳人合此，逡巡不進。夜三更間，生書燈影下，忽見娘衣裳裝束，排扉直入，生怪問曰：「重墻門閉，何處得來？」娘曰：「家事甚掬，不遑散步，以生歸期太蹙，故乘家人熟睡，踰重墻、越重籬，與君一遣。」生曰：「始覺猴精援攀手段。」娘曰：「豈卿如石胎之身重耶？」各微微含笑。娘因等留暫宿，鷄鳴急起。娘問生曰：「今日之離，何時再合？」生曰「秋闈榜後，自有信來，幸勿以遠疎見忽。」娘曰：「石榕在彼，何必重申！」因吟一律以餞別云：

我乘難縻皎白駒，花留水去影疑愁；
勸君早覓重來路，榕樹青青未白頭。

生亦讀吟以慰之曰：

漏滴銅龍夜未央，鷄聲唱斷別離腸；
聲譽名債將提去，休謂無情別自傷。

時娘不能返回，亦不敢久戀，直夜反回。生送之以出途，潸然有淚。娘曰：「英雄非無淚，不淚別離時。」生曰：「思則傷肝，肝傷則淚，我豈鐵漢耶！」言訖而別。來早，生歸家，省問雙親平安，收拾盤纏，與諸生應選。孰料天下之事，不如意者十常八九，生於縣鎮，皆有重名，直至第四榜期，生名塡在第二。私度曰：「吳師之約，期以解元，合吾名在亞元，安敢與吳師拜見！莫若赴京拜禀，借館讀書，已定婚緣，留作後頭之事。」日者嬌娘風聞秋試，專待好音，諸生喜信重來，惟楊公寂無信息，如魚沉雁杳；如醉如癡，時或臨風對月，聊以自娛。然景動人愁，倍切睽乖之苦，因吟以道意云：

愁中對月又臨風，風送涼回月色融；
風月有情人信晚，風輕月淡轉頭空。

詩成，短唱長吟，無限一時情景。忽小鬟從自外來，頗有喜色，鬟曰：「今年秋榜，楊郎名在第二。」娘曰：「何以知之？」鬟曰：「日間小的就候家爺，聞諸生相與報告。」娘曰：「今安在焉？」曰：「直往長安拜稟了。」娘聞之，不覺喜中生喜：一則喜情郎之早達，一則喜姻緣事之果成。回思楊生決科之言，自有定見。時鄰鄉旁邑，貴族華宗，多有求婚者。鄧婆累番試問，娘意終不肯從。鄧婆謂吳公曰：「我兒年長，猶未定婚，屢次不諧，恐漸入摽梅之景。」公曰：「彼意固有自在耳。」鄧婆曰：「何在？」曰：「嘉林楊介也。」曰：「其人何如？」公曰：「昨我期以解元，偶中亞科，故不敢來見。」鄧婆曰：「莫若召來，贅之可也。」公曰：「固不必召，來春會試後，不喚自來，非夫人所知也。」却說娘日在織房，清愁冷眼，因謂小鬟曰：「我之形骸，楊之身也。臨別蓋曾有約，今者秋闈榜了，望眼雙穿，而京北羅城，未有寒喧一敍。汝獨不能爲我一訪乎？」鬟曰：「固不敢辭。但小的小養房門，却不知其問處。且京城都會，冠裳翕集，車馬喧譁，一介女流，安能訪梗萍之踪跡？」娘計無所出，只得含情而已。會七夕感舊吟云：

七夕歡期笑女牛，誰知今對女牛羞；
珥河萬頃相思水，浩嘆無人掬一杯。

時秋色棲丹，玉容呈瘦，桐葉逐斜南之雁，他鄉旅思動愁思；金風薰逼帳之霜，書館織房均冷淡，正是秋深時候也。楊公長處長安，强料吳娘怨望，乃謂奚童曰：「小童密將一紙，直到扶寧，探問吳娘何居處，將來付以心書。」低頭謂曰：「如此，如此。」童克遵成命，直抵娘房。娘見童來，悲喜交集，問曰：「楊公曾有何言？」童述曰：「秋闈之約，將欲一來；第先生曾教之『先成己而後成人』，且丁寧囑付讀『四快詩』，故洞房花燭夜，必須金榜掛名時。遙達令娘，聖賢之言，不可忘也。」娘曰：「勿以別離變易，此楊公之戒我也。」童乃出所寄。娘視之，乃四格詩，兼錄于左：

其一小連環。其二大連環。其三小迴文：

風敲夜倦倚，孤窗對草叢。

其四大迴文：

龍池日對樹疎陰，約舊中情此斷金；
紅點一燈孤悶照，墨痕千紙短愁吟。
重山指望懸南北，下月期將合瑟琴；
濃轉意愁分景共，風情月影對丹心。

娘吟了生詞，倍情增感。童辭歸，娘喚四友來寫復書，付童曰：「我之心緒在中間，歸語楊郎，勿以爲章臺柳也。」童歸至龍城，生問之，童歷敍顚末，呈出所寄之書。書曰：

重念妾：春衢試步，秋日羞顔，無端中天落紅線，扶董之右榕成約；有幸後緣諧素願。扶寧之花草迎人，良心早契良緣，佳會翻成佳偶。幾度月斜燈盡，羞宮花禁柳之春；重翻海誓山盟，辱白雁蒼鷹之命。揣己欲須昂友，佩鐫忍不我知；長江不見魚書，半枕空迷蝴夢。幾餘度，檜舟松楫，共惟香粉之知心；萬里程，柳陌花衢，深恨鱗鴻之無信。今則相思索債，長夢纏身，韓翊柳垂，玉京燕語。將安情於守約，則窗前蟋蟀，背樹無可樂之宜；欲快意於尋芳，則上堂椿萱，身許有礙從之禮。情幾對夏花冬雪，愁難分水月鏡花。帝城歲月利名頭，妾已解丈夫之志；香閩夙宵懸望處，君其知素女之心。書不盡言，幸垂知悉。餘不宣。

生觀了嘆曰：「凡文思須有所觸，吳娘多情本領，合宜做得此文章。」數月後，復遣奚童來，贈以京城扇曰：「聊以寫熱腸耳。」娘開視之，無題，曰：「豈楊公有懷別恨，憶人全在不言中耶？」因夜留童。來早授以所織白絹一匹，謂曰：「生心如扇，開闔以時；妾意如絲，愈翻愈暨。」歸，生馴開絹端，見墨痕淋漓，筆端造化，內寫鍾情五調，其排顏小引云：

隔面以後，蓂莢不知幾度更，花開葉落，暑往寒來，皆是惱人滋味，故鍾之於情，必錯之於辭，遞啓新郎，名曰鍾情五調。

其一　滿庭芳

天外征鴻，庭邊過雁，秋愁似海無涯岸。雨雲徹夜繞陽臺，烏鵲何時填北漢？聖母祠前，祖龍廟畔，當初未了風花案。幽情好付月明知，夙分願隨東風幹。

其二　剪梅格

憶昔燈前月下時，情不可支，樂不可支。于今蘭室懶畫眉，人也胡而，月也胡而。鴛鴦帳裡是何時？倍我思惟，切我思惟。擬嚮魚信一心時，用寫相思，用表相思。

其三　望江南格

朝望君，暮望君，東房風月轉愁新，紅巾萬點題痕。坐傷神，臥傷神，長安音信杳得聞，珥河幾度問津。

其四　長相思

日相思，月相思，日月相思為誰歟？日月如梭情不斷，相思日月有誰知？路隔星河懷別離，楚王杳杳來楚峽。西窗幾度對斜暉，南園滿望閙飛蝶，園飛蝴蝶嶺秦雲。人遙景在我懷人，去日漸多來日少，心端如舊事端新，織房光景人知否？夜壁殘烟滯雨，章臺如問柳猶垂。願得一篇長短句，尤願君車具軏輗，莫把佳人挑瀾兮。草花未了鴛鴦債，梧桐誓待鳳凰棲。

其五　長恨歌

粵從客歲，鳳倒鸞顛，吁嗟兮故國長安，身故國兮愁夢纏，目長安兮恨難痊。夜夜夢魂兮，妾身曾在君邊。月庭柳影，君身在妾前。將訴幽情於玉兎兮，兎魄未圓；欲寄多情于白雁兮，雁信難傳。兎慘然，雁慘然，情用慘然。弄金環兮，環與周旋；依半枕兮，枕與相眠。半生情緒，幾識嬋娟，問之月，月無知兮；問之天，天亦無知兮；問之啼怨之鵑，此情緣、此情緣；畢竟問之君子，為是近焉。不知舒吾懷者，公何時竟何日？何日竟何月？何月竟何年？

生讀訖吳娘五調，曲盡情狀，眞「黃絹幼婦」也。然怨氣涉深，殊失關雎之意。蘇惠之織文，絳嬙之題錦，豈如是乎！先正曰：「天下難化者婦人，以其遠之則怨也。」吾當慰之可也。乃命筆引敘，并詩五律，各以詞爲歌。敘云：

三生舊約，特托諸天；百歲宿姻，委之于命。拜月祠中猶有記，春花何負於庭芬？憶詩閣上已成痕，仙侶敢忘於梅剪！況北南猶有雁，何須無益之相思？而松柏化為心，勿把無源之長恨。但收春日緒，好唱望江南，則情於鍾處，不露馬啼，而鐵杵磨針成之，想亦不難矣。因有詩以道意云。用前五調韻為五韻：

其一

粵自韓衣買子香，情鍾誰短又誰長？巫山大小雙纏夢，漢水東西共泛觴。私約未忘鷄報晚，清愁休管雁啼霜。此緣果待東風幹，何負如蘭古筆芳。

其二

玩梅此日報西開，乍想瀛州乍入懐。一線紅絲天上定，十分花債月中栽。主盟剩喜榕仍在，訂約相期石不灰。嵬嶺勉将堅勁節，看花人早問春梅。

其三

多少愁腸尺素減，減愁本自趁風帆。天長地久人還在，雁去魚來面若談。對兎誓将諧願卜，求凰閒把弄琴三。扶寧風月羅城雪，兩地關懐北亦南。

其四

青燈挑盡夜眠遲，雲隔仙嬌穿日窺。作合仰憑天有監，照臨勿謂月無知。及時只為功名重，守約休教粉黛悲。此後嬋娟身上事，却除相字任長思。

其五

容刀河廣不銀河，誰謂人遙一派波。鳳倒鸞顛原舊鏡，烏飛兎去度輕梭。計期團得西廂月，何事含愁上苑花。自古王魁曾幾見，休教驟唱虔廖歌。

寫完，喚童付以藁，囑曰：「汝代我道吳娘，居而相離則思，期而不至則憂，此固人情之所必至。然居而至於離，期而不能至，亦豈人情之所欲哉！但當靜以安之可也。」童一時逕往見娘，白生心事，因遞生緘封。娘視之曰：「文人之筆變化無端，眞贋寔虛，有所不能其際。詩云：『大田甫田，惟莠驕驕，無思遠人，我心則勞。』」時小鬟問言曰：「詩本人情，可以與觀群怨，以言感人，小娘之作備也，爭似不來還不往，也應無喜亦無愁。」娘曰：「古來情最苦，死別與生離，我欲無言得乎？」乃再賡前韻以答。童歸，生問吳娘居處。童曰：「微觀其意，動靜語默之間，蓋欲以文章怨別離也。」乃遞娘之詩。

其一

擡頭往事耻偷香，相把幽情恨應長。柳陌遙凝前玉步，蘭臺空泛淺瓊觴。知君本耐程門雪，奈我奚堪惠枕霜。早晚願同申舊約，莫教蒲柳泱尋芳。

其二

華關鎖鎖為誰開？默想沈思恨滿懷。結髮山河憑月照，傾葵身世向陽栽。耳邊約誓猶懸想，心上朱陳志少灰。何幸及時氷未泮，七夕莫把嘆摽梅。

其三

春思流連院裡緘，栢舟泛泛一孤帆。針磨點礙心中事，金斷空思月下談。香玉也堪瘴竹六，采珠正切老梅三。北洲如有航江葦，帶水寧容限北南。

其四

梨花霜打夜遲遲，窗下多情許月窺。一片柔腸千段約，百回春夢寸心知。皇都漂渺雲中望，花思徘徊月下悲。昨夜認來知己筆，長忍之暇又相思。

其五

當此郎舟涉珥河，此身恨不作風波。點燈自恃姮娥藥，倚杼慵抛織女梭。地面迢迢難擲菓，天心裊裊亂繁花。憑誰一挽黃河水，為洗前頭怨恨歌。

生吟咏移時，將欲賡和。忽外間有信報來，今年春試已有訂期，南門外見揚枝春曉矣，事果不遂。時生一聞天子詔，乍起狀元心，當初一股夙緣不必懷。屆期，騷壇耀武，筆陣鏖文；朧驛梅傳，天門出榜，生名魁科第一甲第三名矣。成名後，拜謝天顏，拜了座師房師；同科諸員，仙團勝會，然公猶未完聚，懶與之同，三日遊衢，未嘗著步。已而私遣業吏，遙遞心書，就報吳先生好音，且締婚姻之誼。吳知府接知音書，以天中帶喜，謂鄧婆曰：「玆新科探花，不召而來，今日如何區處？」鄧婆曰：「堂上射雀，娘女乘龍，安敢有所異議？」及旋錦日，生遣輌子數具，仙杖行戟，接先生、鄧婆及吳娘赴京。一簇仙團，榮回嘉林故貫會見。華袖衫傘，草木迎逐脚之春；安輌快駒，賓朋望行塵之步。至諸家禮畢，生與娘齊拜雙堂爺娘。接步花房，交盃閒敍。娘曰：「秋闈之後，人各一方，不圖今日，得究當初情案！」生曰：「草木知春，予豈不量人意？然暮夜之中，四知可畏；隱微之行，十視其嚴。故綢繆心事，暫爾契然，不忍使卿爲紅拂之事，所謂略小節而存大信可也。知我者其師乎！」是夕，銀燈徹夜，香色濡衣，銀漢橋通，巫山夢醒。生戲謂娘曰：「今宵之會，可無詩以記之乎？」娘即吟云：

偶中之合合中離，回想因緣一段奇。何處媒來鸞鳳枕，不知今夕夜何其！

生亦續吟云：

不知今夕夜何其，藍路仙橋出絳闈。從此之償男子願，春宵萬景一家私。

娘曰：「新郎驟勝而驕，忘却前頭事矣。」生曰「何事也？」娘曰：「鴛鴦帳裏，兩家之能事悉矣，但聖母祠前，佐以一人。今令娘同居，未知何處下落？吾郎未曾念及，此妾所以留意處也。」生曰：「我平生還涉許多，湊出奇來，神道至玄，安得有所逆料？時來便見，何必掛慮？」此後生得時行道，參預朝政，事機雜踏，公務繁多，國事重而家情輕，父母之言，還屬一邊擱過。

時光陰似箭，順天初，沱江道寧遠州土酋吉罕者，竊據嵩陵、芒裡等地，南通、老撾、胡孫精國，以爲應援，朝廷討之不克。廟堂籌畫，或至宵夜。朝廷或保公爲招討使。公意科甲中人，而資質勇敢，骨節堅剛，自提大兵，直望興化進發。料想此時，遙伏天威，押除山匪，窮邊黑子，折箠可答，自不必於預防者。時吉罕頓兵木州，公驅兵前進，連戰破之，開路疊橋，長驅逐北。不意吉罕於坎坷伏兵，一待公兵一入，四面交圍。公進退無路，左衝右突，但得單身走脫，不知去向。黃昏時，登高四望，出左忽見一簇人家，側海假山，亦是一般景致。公蹇裳趨入，見家庭寂寞，惟數個小童，蠻土衣裳，亦通中華言語。公渴燎求飲。俄見少女人，年十八九，身穿衣帽，頭頂銀簪，髻髮如雲，清光奪目，公疑其乾擦——蠻中有精鬼曰：「天母」，母有夫婦，母夜能穿兩趾於鼻孔飛去，以吮人汚，謂之乾擦。能變形爲犬貓，山羅州多有之——不敢正視。其女來問曰：「官龍何來？」——土音官者謂之官龍。公曰：「我招討使也，日爲蠻酋所敗，損兵折將，山脚崎嶇，幸得來斯，冀求憩息。」女乃款生一頓訖，低聲謂生曰：「妾生洞類，勢非寄足之所，但跟隨妾來，自有一條生路。」公知其意，乃從之而往。至深林幽處，娘謂生曰：「妾乃車氏輔導子也，其先祖乃哀牢國王之裔也。近祖可參，以兵佐黎太祖定天下，封司徒國王，號黑衣帝，木州食邑，已有多年。曩爲吉罕所驅，妾父與之共事。今公到此，勢不相容，故妾哀動猿腸，指其歸路。」公曰：「母車氏石言居止之事乎？車氏前芒禎國王之次子也，王許以食邑，自願尋地宅居，過武江取石塊禱天曰：『到此石能言則居。』至木州，石忽言：『吾當居此！』遂可宅焉。」女曰：「正是！」公曰：「見入井而惻怛，仁之端也。今某山嶺窮途，不知去路，北行無老馬（出左傳），劍閣乏天然雷，——小註：天然雷，萬春之妹，嫁種景奇，詳見錦香亭記——娘獨不中半臂之助乎？萬一天其成路，行得穩，娘之義當刻石不忘也。」娘乃欣然與之同往，越溪攀木，行路輕環。日則尋路披毛，夜則同棲石上。娘久處林泉，素知木性，時或途中饑餒，常采果以食生。旬日之間，不缺支度。暨至平民村邑，公與娘入憩焉。是夕，公謂娘曰：「芥針之遇，自古有之，汝與我相從，恩情較重，豈非天意之造端乎！」娘曰：「與公私奔，豈有回來之理，此後之生身事，托之君有餘，花頭蝴蝶，枝上鴛鴦，妾安得而自主！」欹枕間，公謂娘曰：「不圖山林蠻獠，有此奇逢，一段因緣，又何必牽絲拾葉。」娘曰：「妾非全是蠻中人物，公何見鄙之甚耶！」公曰：「何謂也？」娘曰：「妾母鳳城人也，聞妾母求嗣於西湖天王祠，乃董天王靈廟，夜夢白猿攀臂，浹旬而生，因以華猿卜名焉。」公聞言，嘆曰：「聖母之教，不欺我也。」娘詰問根由，公略以聖母祠故事，說過一遍。娘曰：「塵埳肉身，安有這般說話？」公曰：「後當驗之。」時公敗衂之後，徒手入鄉，計無所出。將回謝罪，娘曰：「木州之役，全師覆沒，如單騎返回，何顏以見天子？莫若上表乞師，後圖報效。妾當移書旁郡，招集殘兵，或者失之東隅，收之桑榆，自足以贖前過。」

公聽其言。表回，朝廷重公，加給雄師助戰。娘亦葉書蠻字，報諭州民，多有應者。及殘兵稍稍復合，公開帳議事，籌定進兵之策。娘曰：「行師之道，有奇焉，有正焉。牧野之師，周旅為正，而庸盧為奇；召陵之師，齊侯為正，而江黃為奇，以此行兵，百戰不敗。若輕出於上谷，此漢（高）有白登七日之圍；懸軍於白岩，此唐太有鴨綠難留之咎。孫子武經曰：『將不知兵，以卒與敵。』煙水神經曰：『為其所伏，靡有不敗。』公前日之役，正此也。」公聞言駭然曰：「吾平日徒讀武書，不知兵變，出玄命何物女子，乃能若是！好好行兵幕客也！」娘曰：「妾平日讀書，最愛蕭皇后玄女之為人，故林泉多暇日，凡壬申太乙陣圖、孫子武略，亦皆經目。」公曰：「今賊勢充斥，而我孤軍在此，當用何策，可獲全勝？」娘曰：「善用兵者不在衆多，故淮肥百萬，卒壞於草木之兵；赤壁全師，見焚於蒙衝之艦。矧玆吉罕，驅驅扇漁獵，刼制鈎鋤，烏合成群，蟻屯聚黨，纔不勝則刼掠平民為勇敢，一退却則散盡林野為無餘。妾已會擒之之策矣。今可分兵三道，其正兵則直行花木以邀其前；又遣一支兵，暗從萊州以擬其後，又遣偏將二員，從芒阨夾道而伏，日昏搬運木石，堆積去路，俟吉罕兵至，燃藹放砲以怵之，必徒左退入深塹矣。」公從之，分撥已定，乃進兵至扶華州三洞。其地平曠，忽牙旗立處，暴風從東來，昏塵蔽野。公曰：「此風主甚吉凶？」娘曰：「此風名『振耳風』，主有賊兵卒至。然今日己巳，其音屬角；而風從卯來，其音屬羽，水來滋木，為母翊子，我軍必大勝。且妾已占一課，卯將午辰，公本命時，三十一歲，行年在寅，其年克勾陳白虎，命克玄武遊都。且日干克勾陳，勾陳克玄武，而三傳無救，必然席卷長驅，遊之陽神。上金下水，必從石徑投溪，就此擒之，萬無一失。惟玄武陽神，重臨生地，復有偏將，前尋遠逸，理必然也。宜且陳兵以待之。」公曰：「當用何陣？」娘曰：「三洞地勢平坦，好布八卦陣。」乃指揮偏將，排兵列陣，四方四角，旗色各有誌別。指謂公曰：「此太乙古陣。詳武備志又披奇行遁甲，陰陽順逆，門戶多明，天地風雲爲四正，龍虎鳥蛇爲四奇，艮上八青旗，生門白色；坤上二黃旗，死門路也；巽上四赤旗，杜門天圃守之；乾亥六黑旗，開行天心立之。如賊犯四方，則一兵二翼，有正有應。賊犯四角，則奇可爲正，正可爲奇。至如隨機而變，惟係乎臨時可也。」俄而蠻兵卒至，見公圖陣嚴整，四面八方，各有門戶，車輔導謂吉罕曰：「此乃八卦陣也，吾女猿娘，日常積筭子習之。然今日開行更太歲生門，又遇鵰神，外此不宜撞打。爾宜按兵勿動，以觀其變。」至未初，忽見吉罕兵處旌旗紛亂，猿娘曰：「此乃疑其後兵之至矣，可縱兵擊之。」娘中軍援枹，使公親督前支，變成騰蛇，脫殼而進。比登高岡，果見萊州兵馬漫山而進。罕表裏受兵，愴惶亂徒，蠻兵三五星散，塞塹塡坑，不知其數。吉罕僅存親兵數百，取芒阸小徑逃遁。三更，至高陵嶺，兩山夾險，惟有小路可通。一里許，只見當路柴木土石，路不能通，將必攀崖，別尋生路。忽聞千聲砲響，兩岸火燭，露出官軍旗幟。罕退兵半里，已見追兵薄來，惟左邊有一小徑，摩昏而逃。纔數十步，石積崎嶇，前者有二坎，吉罕如脫網之魚，高低亂步，石膏滴滑，罕與從者盡推下了。官軍卒至圍之，個個生擒，押回本陣。詰旦，錄問酋長盡數無遺，惟車輔導不在。公疑之，娘曰：「妾父韓魯亦少知兵，料必外嵬崗之火。然湜縈婢漢，可以贖父罪，公其準之。」公聞言笑不答。原來輔導在觀陣法，强料陣中名將，深識兵機；烏合之兵，勢必不敵，故潛率本陣，暗各先歸。至家問童：「猿娘何在？」童曰：「日者招討使到此，相與私奔。」乃猛想八卦陣圖，知是猿娘手段。嘆曰：「吾養子十八九年來，不意今日爲楊公之用。然金屋貯嬌，亦是造端常理。窮山蠻貊，豈能留住得他？」一時楊公既獲全勝，修露布表。娘曰：「妾請代君綴之可也。」生曰：「娘之武略，中古一人，今乃啜玉吐珠，始信令才女將。」娘乃揮毫立就，其略曰：

蓋聞鴟頭南指，明道清風浪之塵；虎印西行，耀日睿山嵐之境。蓋取亂之兵，冬人如得已，而千常之黨，天道所不容，順逆明微，古今同轍。我國家斗牛得歲，翼軫肇基，藍山興括地之兵，逃沐晟，比張輔，興黃福，劍柳昇，蕩定二十，克南來之貔虎；江水淬倚天之劍，定渲州，平清化，撞東關，夷古弄，開拓十三，宣北海之封疆。時雨蘇水火之民，風雷雪山河之耻。間出有□之湯武，天書震象呈符；亂餘得國之漢唐，星紀乾圖正統。騏驛車書共道，侯藩大小相維。夫何寧遠舊民，敢背先皇厚意；唇齒援盈蠻、車里，扇動二十州韓魯之邊氓；背面依遵教、馬河，竊據三萬城環圍之天塹。（黎太祖築三萬城，言城可容三萬人。）歸化（蠻名）勢將蠶食，安西（府名）山溝蜂屯。席前霄籌國之衣，鋮砭下惘懷一指；臥側隱睡人之榻，普率中寧限偏方。蠶叢何有於龍堤（龍水堤在木州，橫江有石堤，水高四五丈，下有石竅，如虎口向上，俗號深油。）豹變期乎於牛吼（興化古名牛吼蠻。）皇帝乃命臣等，于郊建旆，彼濕出車。數千席上王師，勵國峻呑牛之志；千里目中蜀虜，凜班超得虎之威。渡河沱而劍戟凝霜（小注：沱江上接大蠻黑水河，所謂西流爲珥河者也。）止天振而旌旗變色。當此東隅垂健翅，暫勞東土之斧斤；雖然閫外伏餘威，復振南中之號令，敵懷之鋒不挫，同心之士如飛。摧枯勢，振乘風，披龍印進兵之步；（披龍山在木州上岡，其山最高，登高頂四望，上見順州，下見沱江，南見清華、楊若江、義安、瓊瑠）破竹機，乘逆刄，鑄古痕瘤劍之崗。（鑄古山在青州巨勝山岁冊，橫直百餘里，其高次傘圓之嶺，有古井十座，方湖一泓，水甚清列，旁有雷石。）山羅登而乾擦攝威，馬河入而巫神遠遁，（馬南州執湯有一種巫神，能運石入人腹，腹痛而死。）土地之銅神效順，山風何待於卯寅；鐘南之葉公助威，水渡不須於子午。（木州墨里院大寺有黑銅像最大，寺有古鉦一百四五尺，相傳叩之即死，行人過此處，遇黃物棄而不顧。又此木州上岡有風穴，其深不可測，午子時風自穴中起，轉動山林，至寅卯時風自止。鎭安縣有葉夫人祠，在洮河側，稔有災應，今巡司年奉事。洮江常有陽瞌，惟子午時可渡，孔明南征禱之，先胥即其事也。）既扼赫蠻之勢，更神料敵之機。華州八卦陣圖，旗喪蠻酋之膽；嵩嶺兩山伏卒，砲聲驚賊將之魂。窮途之孽黨俘來，背正之凶渠檻送。會見災星影滅，台象偕平；撩狂共入輿圖，邊陳盡茄籠之地。（寧遠州舊是哀牢國界，王舊名茄籠，後其弟茄納再據此地。）獷悍轉為耕耨，舊業安肉壙之民。（此州人民獷悍，能習水戰，其州中有水泉湧出，水味稍鹹，百獸夜飲，土人作弩射之，所得者多，謂肉壙。）鉦鈴沉自綏之聲，鼓角奏凱歌之曲。此日崇墉執訊，宣威寔賴於諸臣；當初漢閫推輪，成功式遵於九命。臣謹奏露布以聞。

表回，敕賜旋師。

公與猿娘回家，合與吳娘拜見。吳娘纔一見，詳認猿娘體貌，及臉間黑子，曰：「金蓮之召，非此人耶？」公曰：「正是！」乃還敍所遇，及參佐戎務顚末言之，娘曰：「聖母侍女降生，非凡人比。」各相微笑。猿娘曰：「果然，則王羊再世之事，非虛誕也。」吳娘時或說公曰：「車氏姻婭，可無恩以軫之乎？」時諸州存從吉罕者多有換易，公表求保車氏，乞仍繼襲。朝廷查車氏祖可參，開國有功，準其奏。輔導感恩不淺，赴京供貢，常往來通好焉。公務之暇，公常與吳娘閒庭小酌，言及年紀。吳娘曰：「妾申公時，又得車氏年屬子，可謂三合奇逢矣。」後公還授顯官，吳、車皆有所出，至今閥閱猶繁焉。

【校勘記】

❶「取」字原作「吸」，文義未順，當是「喚取」之誤。又「喚」字下似有「容」字，已點去。
❷「佩韋」原作「佩違」，後經臆改作「莆韋」，今作「佩韋」為是。
❸「生卽」原作「卽生」，當有乙倒符。
❹「至空乎」原誤作「室空乎」，今據正。
❺「斡旋」原誤作「斡施」，據文義正。

附錄　玉身幻化

古越裳螺城，北河勝築也。重光末，後陳重光帝城右岩之顛，有赤色惹惹，敍事出左傳。一條冲天，如火燭炎光之象。接邑旁村人皆疑其爲鬼祟，凡牧童蕘竪，不敢近來踐踏，數年後見亦如之。時山寺有高僧者，度云：「北城自安陽王開築，設法馳人，寃魂滿地，年深物久，變起成妖。我當設四大出經之禪床，悟六如之法偈，使沉淪幽鬼，一切超升，亦一大功德也。」乃卽地設壇，誦涅槃數遍，兼有解寃疏。中有云：『陰陽消長，宛然芥蟻之浮沉；塵刼往來，管得春花之榮瘁。大悟處空空色色，纔歸餘化化生生；消憑一洒之枝，踏破三生之路。』法壇一筵，浹旬而散。是夜，忽見壇所如一輪明月，特地起來，升降高低，一時仆滅。時高僧遙望，謂其徒曰：「妖根從此解化矣。」數日後，僧於方丈禪定，見美姝年可十八九，膚肌如玉，秀潤照人，碧眼玲瓏，其光可鑑。衣裳艷冶，顯權貴中人物；聲音鏗爽，頂禮求懺。僧曰：「貴娘何處人民？侍從無人，不憚崎嶇，光臨淨土。」女曰：「妾乃東城夜山人，前嫁爲媵，南縈樛木，東望小星。不料堂父不容，夫君見棄，玉埋鈿委，予今有年。緣慳分薄，甘聽分于悠悠，薄覗桑中之金，而暫守通衢之寶，景仰巍巍碧相，廣開濟渡之門。雖今生過了，固不可追，而接外升沉，求懺後生之事。」僧見言辭伶俐，意涉見疑，辭以山谷野僧，只念朝暮傳燈未造得心囊副意。女請紙筆，立寫疏文。僧勉從發奏。女案前宣揚竟，五拜超出。僧仰見脚步輕環，湧泉隔地，揖謂童曰：「妖也，非人也。疏文勿憑火化，當歸貯，以爲他日之驗。」女至三關，題于粉壁云：

莫說無因更有因，來來往往往來身；人間早悟輪迴理，擱過今生莫自顰。

銀鈎鐵畫，壁上龍蛇，騷人墨客登臨，不解其意。自後女周遊中土，無處不到；繁花勝會，人多遇之，高唱低吟，開口成律。或云：

裙拖湘水鬢吳雲，雲暢香殘意有春；身許不辭三峽步，藍田種玉恨無人。

又云：

江妃解佩事悠悠，經幾星霜續此遊；拭目桑田滄海後，不知身世在中州。

如此之類，不一而足。所到之處，人或以言辭謔之，娘更贈以金環，與以玉珥；若致慇懃，則辭以無緣，拒之甚確。有高見者，以妖目之，然莫能窺其踪跡。

說分兩頭：時大平瓊瑰有王學生，得地閣豐隆。然年少放蕩，父母俱亡，落魄江湖，室如懸磬，平生從學，千費略無所得。嘗嘆曰：「天如倚蓋，地如局棊，賦與之理，何其無意於我哉！」聞你珠術人精於斗數，往質沓焉。術者曰：「公之數多有根基，合宜出入朱門。然推弱準强，纔做一時當局，勿以前運蹭蹬而損其志。」會明人新設交州學校，生琴書裝束，駕報登程。正是：

路左笈驢〔□〕李固，橋頭車馬誓相如。

適夏盛暑，枝頭薫榴火，水面鑄蓮錢，熱氣逼人，步程不進。黃昏，至途中驛舖投宿焉。人定時，聞隔墻有少女聲，細細吟云：

炎帝紅爐鑄熱天，夜聞搖扇不成眠，玉顏汗洗西香淡，解慍無人鼓舜弦。

生借隙潛窺，見一女獨坐燈前，眉清目秀，正所謂東鄰之女，比花花解語，比玉玉生香。將續吟和云云，又怕無媒，未便輕率。旦，生再起梳洗，已見女望東進步。生質諸館店，曰：「此女往來，自謂鬻玉客也。」生促童兼步進程，及於途，行且嘲曰：「珠玉在前，覺我形穢。」女曰：「公非卞和，安能識璞中之玉？」生曰：「有美玉于斯，藏之歟，抑沽之歟？」女曰：「沽之哉！沽之哉！待價而沽者也！」生曰：「秦廷之玉，價重連城，娘子之玉，其價何如耳。」女曰：「無價。」生曰：「無價只在淵，今鬻之于市，豈眩而求售耶？」女聞言，臉間紅暎，默然不答，帶怒而行。生尾之曰：「白圭之玷，尚可磨也；斯言之玷，不可爲也。」女卽回顏微哂，曰：「南容三復白圭，有女嫁之，今君始一復矣。」生見娘言頻狎，應曰：「一而足，何必三思？」時程途遙愀，二人且行且譃。至小溪橋橫一簇，兩相暫憇。生曰：「貴娘何處佳人，金屋餘風，朱門素女？今還旅迢遞，孤苦何堪？」娘曰：「妾古螺人也，日爲夫君所棄，天下難容，孤星獨往。中土周環，天悠悠而心搖搖，一片孤忠，羞對青山碧水。擬今桃花無主，付踪影於浮萍；眼寄雲端，情牽花影。將他鄉而進壁，恐臨投士之河；欲故里以還珠，的見覆廷之水。君將見憐，不必以形骸索我。」生曰：「佳人才子，天假奇緣，願結同心之帶可乎？」女曰：「道旁苦李，晚景摽梅，孤鳳梧桐，正樂棲身之所。只恐起居言行，不近人情，畫餅粧金，枉費君一班心事。」生曰：「坎離爐上，定有陰陽；月窟天根，自然來往。逢而合我，當作好風之箕，好雨之畢。對面而冷眼看，娘子亦何心哉！」娘曰：「自揣閒花無芳，鷄筋無味，蒙君不棄，何靳相從。」生喜，收拾行裝，直望神州取路。至渭潢江次，借一小舟而進。此間玉人江影，依然暎水之芙蓉；俗客仙舟，恰似飛身於弱水。」生戲指謂娘曰：「同舟吳越，猶待玉京之會。今途間邂逅，月下遭逢，豈非眞前輩之假歟？」女曰：「雲裴仙洞，同入清□，占得無窮極樂。今短景春場，此生未卜，君何遽鄙前輩之不如耶？」時江寒月淡，生曰：「三星在天，其如今夜何！」女曰：「新人舊景，別思未舒，詩歌一曲以見志，可乎？」生曰：「願聞。」女卽鼓扳而歌曰：

乾坤分別時睽隔，孝敬一心難兩白。鸞分玉鏡燕聲悲；龍去鼎湖蛟淚滴。

丹心向説海江天，座玉埋香歷幾年？破碎山河都是恨，殘香餘粉不成研。

月堆花影春醒苦，貞節山容愁惝惝。堅剛惟有瑾瑜心，磨琢全憑英雄手。

歌竟，生靜思曰：「前頭心事，聽者興悲，但中間『龍去鼎湖』，『破碎山河』，未知何意？」女曰：「聊寓昔時光景。」爾時舟中楫師棹子，耳目許多，二人相敬如賓，未嘗狎昵。暨舟過南昌，乃武娘故廟，吟云：

秋江印月月漫霜，月淡江寒憶武娘；業報可憐生誕子，影分何必罪張郎。顏紅自古天多妒，浩氣〔□〕今水愈香；觸處我將嗚往事，千秋論〔□〕斷人腸。

過娟醯廟吟云：

月斷槃山體覺癯，一般心事付悠悠；龍髯有淚悲南馭，狐血無端媚北州。夷狄有君天地變，山河正氣斗牛收，有江可洗綱常骨，禮葬何關李自羞。

過多禾仙容廟戲吟云：

夜澤深深水碧漪，一場今古觸人悲；葦蘆正好諧仙侶，城郭原非拒父師。夜半颶風千古事，江邊秋〔□〕億年祠；炎郊帝女顏何厚，南望沙頭暗自知。

至菩隄江吟云：

天工開鑿太多情，枉苦乾坤久戰爭；沙莽幾埋南北將，煙波半沒古今兵。鷺河影斷魚歌水，刁斗聲沉鼉鼓清；天假故君方便得，換來清水洗南濱。

時女觸景處便吟，生隨章嘆賞，常欲續和。但中間每結聯如別有意，未能勘破。至鼎龍，娘謂生曰：「街衢喧閙，滿目繁花，當求寂寞禪門，爲攻書之所。」乃相携就乾陀寺，住寺。南康凸凹，望外仁山；蘇瀝縈迴，眼前知水。舍利古高低之塔，石碑苔篆隸之文。不夜天月滿禪心，竹柏松琹和魚響。無□地風情俗脚，鶯言燕語問鯨音。生愛其一般景致，乃誅茅構室，聚於斯焉。生素以寒門出來，琹書之外，囊裡無餘，凡其焚桂爨珠，取辨於娘。一日夜，生謂娘曰：「窮途天假，得遇佳人，眼前之花也，掌上之玉也。邇來敬中掩愛，久汲春醒，今夜問來，願作巫山之夢。」女曰：「君錯矣。身名會重，燈火功深，妾不敢以衽席之情，荒君之志。姑少待未爲晚也。」生計無所出，只得含情而已。又一夕點燈並坐，生視娘目不轉睛。娘曰：「妾常讀世家，柳下惠坐懷不亂，魯男子閉戶不納，蓋亦嬋娟藏劍，香粉操戈。我君讀聖賢之言，豈不知在色之戒？」生曰：「堅心匪石，相火燒人，故美之於四姬，安石之於白雲，東坡之於琹操，陶穀之於君蘭，前賢豈留我色？但情鍾意適，到那留然。如娘固以外之，將置予於何地？」娘曰：「楚館秦樓，沉人之苦海；歌娣舞女，擁人之妖狐。席上之珍，何須掛齒。彼沈約之瘦腰，張敞之畫眉，韓壽之偷香，相如之竊玉，書碑口實，君與妾將安取乎？」生曰：「我之得娘，將安用歟？」女曰：「妾之來斯，本欲興君家業；如君功名未就，則妾節操不移。一段因緣，當作後頭截看。」已而剪燈就寢，偎玉倚香，而咫尺桃源，不啻如鄭之虎牢，蜀之劍閣。時光陰似箭，不覺星槎漸轉，暑往寒來，生常往候鱣堂，而娘亦能支度。日則周旋中饋，夜則頂禮梵王，密禱陰祈，生不能窺其阝丁。

適商久雨，廚灶不供，生索筆以吟窮云：

> 未遇王孫一飯難，書窗兀坐轉餘間；玉成未解天工意，金畫何如壯士顏？照西帝星窺漏屋，欺人冬雨鎖祥關；窮中最苦心中事，美玉形骸眼底間。

娘在房顰眉曰：「聞公情詞，鐵人垂淚。今妾家貫，惟明珠一粒，乃前夫埋藏，其價浩大。當今天下有眼無珠，故妾重身中之珍，未曾向泥途而進璧。公宜偕往，妾爲相賙，以爲河堵之用。」於是二人同就古螺，住於旁邑，暗乘月夜，徑往山顚。娘指曰：「是矣。」生乃掘深數尺，見小石巑屼，繼見一夜光珠。娘斂生收之，塡封如故。屆早，二人完璧歸玉乾陀寺，玩弄移時，無限珍重。娘忽謂生曰：「妾程途窮碌，身覺不快，公宜就席設壇，伏憑佛知，以解今年厄運。」生從之，娘案前平坐，頂禮劄解三十六遍。忽微風入戶，有肅殺氣，娘自然仆倒，渾身勁直，如剛痓之伏。生措手不及，藥石無功，其憐惜之意，穹壤間無餘地矣。他鄉旅次，無以爲計，權殯在瓊瑠外郭。此後人亡物在，旅思何堪；憐香惜玉，情狀可掬。嘗有詩以寫怨云：

其一

石上磨簪玉欲成，天邊殘月不勝情；佳人一別渾無夢，夜夜寒鐘落枕聲。

其二

慈航泛泛渡塵緣，恍入天台極樂天；極樂路窮仙子去，惟餘殘粉涴塵氈。

其三

寶婺星沉月色暝，書窗寂寞杜鵑更；幽情最苦臨□景，默默無言訂後生。

其四

契濶原來只是緣，不于佛也不于天；我生爾死乾坤在，寄問何人是續弦？

時生獨處書房，愈覺冷淡。收拾書詞文苑，反覆瓊瑠所得明珠，未忍發賣。情於鍾處，度日如年，擡頭歲律二灰，備嘗盡雪月風花苦味。歲暮，生采辦酒殺，再就瓊瑠一奠。乃遵國俗，收骨回貫改厝，以盡其義。意出最奇，掘塚間了無所見，櫬封如故，沒皆刼灰，惟見七星板上題四句云：

北岸南城合作容，從頭吩咐水流東，身前玉女誰能會？離合瓊巵總是空。

生吃驚吃異，糊思忖曰：「我前所遇者，天上之玉女也。恨其薄福，到底成空。猶可疑者，玉女乃天上之仙，安有此地之玉？螺城不遠，我當到處一詢，或者知其原脚。」會重光南幸，北地阻兵，事遂不果。乃回家貫，兀坐凝神，半枕塵奩，未忍他適。日常閱吟娘遺藁，窮思留神，凡其用意詩章，茫然不能解。猶念仙家秘訣，隨化隨生，月夕霜晨，懸望其再至。虔請咒度，誦陀彌經、接引經，然捉影捕風，了無證驗。因嘆曰：「當初枕席，夫豈無緣，何啻一番傳信？」因吟云：

銀河東轉日斜西，客思難禁五夜鷄；色暗秦雲從處望，魂消楚峡夢更迷。他生何必香根在，終日那堪燕子啼；欲喚檢書憑一問，人間寧有假夫妻？

又云：

櫃玉珍信久漆膠，咄嗟何忍倏輕拋；畫眉風〔□〕留塵鏡，結髮山河付夢刀。佛道玄靈還是幻，仙鄉縹渺仰彌高；三千眼界成花錄，欲抹睛光醮碧桃。

詩了長吟，終付之未如之何也已。

時明人據我土地，貪求無厭，探玉掏金。聞玉山地產生珠，令人汆土懇切，李上聲，水推物也。采，並催入水，通霄乙了，鄭重也。手爲皴音逡。縮。間有瑞英人陶琢，是亦豐姿客也，因事經過地面。明人疑其村人，催來取蚌。言語不通，勢終無奈，只得與民探取。琢汆下倣一丈，忽見豁開水路，路前有女童導引，坦步而行。琢步躊躇，然身在水鄉，勢難再反。里許，近望宮庭一簇，水晶作壁，金玉粧門。女童先禀，俄引琢深入。重門玉扆，前有仙娘端坐。琢舞拜成禮。賜坐。仙娘曰：「卿歸瑞英，途過瓊瑰，妾聊寄片詞，探問王學生家事。」琢不知意思，對曰：

「王生與我義屬同窗，然塵寰海底，路隔幽明，柳毅傳書，不審如何報曉？敢請尊名貴幹，何憚一行。」娘曰：「妾乃媚珠，前安陽王媳也。幽沉冤屈，恨氣難消。日因高僧法解，幽魂發越，幻化眞身。曩因王子孤窮，盜乞天庭，暫救此生之貧窶。然既與周旋，情鍾難解，是空詩句，妾已告之。誰知迷昧塵心，凡播之詩詞，未見得輪回之理。煩卿報告，厚意不忘。」琢復問曰：「某粗通國史，仙娘前嫁仲氏，繼爲金龍所賣，略領本意，今乃獨能於斯，做主何事也？」娘顰眉如不忍言者，徐答曰：「前夫君行過詭，心屬無君，皇天累摘塵寰，前程屯蹇。至如青江使者，妾已訟之天庭，經判一言倉卒，是否不明，付化工消鑠本形，堆成金龍山，受人殘踏。三千年後，桑田滄海，復合前身。妾爲人所詐，不涉怙終，時進權管珠神，以表潔白。直待前夫摘滿，擅懺粘香，此時再冊宇宙，非卿所知也。」琢將又問，娘遮曰：「妾之身，具在前編。歸語王郎，天機勿洩露。」仍命小童取小珠十粒付琢，以供盤費。玉紙書數十字，納一玉甕，封誌授之曰：「非王郎之手，不須啓也。」命童送琢出水。約數里，琢曰：「去路近，何來路遠也？」童曰：「卿持寶信，當避明賊。」到岸，童別，琢反履。琢如夢始覺，良久詳認，乃海邊界畔。琢喜，取路歸貫，馳報王郎，具陳顚末。王初不信，及出玉甕家貫，琢視玉試之，皆不能啓。王生坐夜深，屏人著手便開。見中有玉紙一張，題云：

> 當日遭逢妾與君，分明端的是前因；夫妻結髮都成幻，生死從頭總未眞。愛玉餘情終報玉，後身靜念醒前身；休將癡想吟愁苦，玉母蟠桃看未眞。

讀訖細認字跡，長嘆一聲，醒了前頭事事，的娘信也。始信陶琢使報，及諸言詞吟咏之間，多出娘之本意，與前史之所記暗之脗合。其木板所題云：「比岸南城」，而曰「水流東」，蓋娘亡於義安東城，葬於京北東岸，乃合而變成容儀也。「身前玉女」，乃「珠」字從「玉」；「媚」字從「女」，前身名媚珠。繳結曰「離合瓊卮總是空」，蓋合我於瓊瑰，離我於瓊瑠，皆非身也，化也。

自此愁心頓釋，乃發賣明珠於胡人，價值數十萬，家成巨富。後因感媚娘之事，就古螺一訪。奈殘碑漫沒，故老凋零，往來旬日，求得說話會緣，入高僧寺。纔到三關外，仰見四絕題，乃娘手筆，吟咏移時。笑曰：「此媚娘留教我也。」因就僧房，問其緣故。僧曰：「往年有靜女，自稱東城人，來斯求懺，辭出，有詞于此。」乃出娘疏文，生讀之有曰：

伏以瑞藹當筵，發十二弘深之苦海；慈雲在望，熱三千叩禱之心香。靜景非遙，靈臺在仰。念妾折簪殘質，瑕璧留塵，抛球忽落蜀山，墜玉空悲秦女。悵悅朱樓此度，赤繩紅葉訂因緣；霜凝白刄誰教，朱錦青袍關氣數。天籟觸知能而永慨，佛刼隨雲水以長流。堦英換堯，征邁光陰催歲矢；江花哭宋，徘徊風景拂心旌。夢中田海，寧忍忘情；鏡裡鳳鸞，未酬夙願。產彩埋光幾度？幽懷誰對碱砆言？琢成磨潤有乎，靜土全憑金玉相；冀達寸誠之懇疑，謹憑五分之氤氳。萬里千尺溟茫，苦海愛河蒙未悟；十地九天透徹，善根因果折由來。玉枝洒落洗冤愆，鐵樹吐花長發越。色相玄之自在，安排濟筏渡塵寰；金聲問之遙聞，喚醒迷衢登覺路。景仰慧光有眼，尚作鎔冶此身；伏願俯監丹忱，仰憑洪造。

第一拜懺

瓊筵陪桃主，報憐香惜玉之初心。

第二拜懺

銀漢度牛郎，訂暎燭值金之盛會。

第三拜懺　水玉無根之恨，雲遙極樂古今童。

第四拜懺　王羊再合之緣，蒂結同心天地老。

第五拜懺　水潔渾無涴，洞明炤有常；好新憑一理，依舊整三綱。坎流艮止，萬古山河；復長姤消，三生香火。妾素含丹皎，白對玄黃；冒璃陛以璣陳，仰流宮之寶座。惸惸慉慉，謹上疏以聞。

生讀訖，不覺墜淚。僧問之曰，生乃歷敍遇合別離幻化之事。僧童曰：「誦泉講地，吾故知妖，不覺乃能如是。」生因問曰：「某平生師從孔氏，舍其怪而存其神；上人貫通九教，透見三途，媚娘幻化之事，可得聞教？」僧曰：「人之本質，陰陽全體，天地合形。氣之聚也，則舉動而有生；氣之散也，則泯然而解脫。然或寃惌鬱結，則清通磅礴，升降不消。歲久年深，變幻妖怪。故彌陀一咒，能消億萬之寃；天說一經，能救輪迴之理。媚娘以無辜之女，沙頭一語，欝結彌深。雖精血可化於珠，而魂魄猶藏窀穸。自其得山壇之祈願，卽幽魂從此以超升。有乾陀法水之清涼，卽幻身從此而脫化。至於妖魔話本，自不勝言。」生合手曰：「謹受教。」乃懇僧歷覽古跡。至山顛，問曰：「此名何堆？」僧曰：「相傳媚珠故墓。」生暗想掘玉之時，私念曰：「摭怪云：『媚娘形骸，變成珠玉。』信哉！」乃卜地起廟，以表其情。後生娶陶琢之妹，子孫蕃衍。田園樂地，歲月閒天，或者疑其爲仲始身後焉。